Gerenciamento de cronograma em projetos

GERENCIAMENTO DE PROJETOS

Gerenciamento de cronograma em projetos

André B. Barcaui
Danúbio Borba
Ivaldo M. da Silva
Rodrigo B. Neves

Copyright © 2019 André B. Barcaui, Danúbio Borba, Ivaldo M. da Silva, Rodrigo B. Neves

Direitos desta edição reservados à
FGV EDITORA
Rua Jornalista Orlando Dantas, 37
22231-010 | Rio de Janeiro, RJ | Brasil
Tels.: 0800-021-7777 | 21-3799-4427
Fax: 21-3799-4430
editora@fgv.br | pedidoseditora@fgv.br
www.fgv.br/editora

Impresso no Brasil / *Printed in Brazil*

Todos os direitos reservados. A reprodução não autorizada desta publicação, no todo ou em parte, constitui violação do copyright (Lei nº 9.610/98).

Os conceitos emitidos neste livro são de inteira responsabilidade dos autores.

1ª edição: 2019

PREPARAÇÃO DE ORIGINAIS: Sandra Frank
EDITORAÇÃO ELETRÔNICA: Abreu's System
REVISÃO: Fatima Caroni
CAPA: aspecto:design

Ficha catalográfica elaborada pela Biblioteca Mario Henrique Simonsen/FGV

> Barcaui, André B. (André Baptista)
> Gerenciamento de cronograma em projetos / André B. Barcaui... [et al.]. - Rio de Janeiro: FGV Editora, 2019.
> 160 p.
>
> Em colaboração com Danúbio Borba, Ivaldo M. da Silva, Rodrigo B. Neves.
> Área: Gerenciamento de projetos.
> Publicações FGV Management.
> Inclui bibliografia.
> ISBN: 978-85-225-2158-6
>
> 1. Administração de projetos. 2. Tempo – Administração. I. Borba, Danúbio. II. Silva, Ivaldo M. da. III. Neves, Rodrigo B. IV. FGV Management. V. Fundação Getulio Vargas. VI. Título.
>
> CDD – 658.404

Aos nossos alunos e aos nossos colegas docentes, que nos levam a pensar e repensar nossas práticas.

In memoriam *do prof. Danúbio Borba, um dedicado docente e coautor desta obra.*

Sumário

Apresentação	11
Introdução	13
1 | Definição das atividades	**17**
A influência do escopo	19
Precisão gerencial *versus* definição das atividades	23
Modelos de EAP para definição de atividades	25
A utilização de marcos (*milestones*)	26
O planejamento em ondas sucessivas	29
Planejamento em projetos de escopo aberto	30
2 | Sequenciamento de atividades	**33**
O processo de sequenciamento	33
Métodos de diagramação	37
Tipos de dependências	43
Leads e *lags*	44
Atividades-sumário	46
3 | Estimando a duração das atividades	**49**
A influência dos recursos	50
A relação entre recursos, trabalho (esforço) e a duração das atividades	51
Duração, esforço e tempo decorrido	53
O que esperar como resultado de uma estimativa	57
Por que as estimativas variam tanto	59

Como preparar uma lista de atividades com estimativas	61
Técnicas para uma boa estimativa	64

4 | O cronograma do projeto — 69

Desenvolvimento do cronograma	69
Montando o cronograma do projeto	73
Técnicas para desenvolvimento de cronogramas	78
Datas mais cedo e mais tarde	79
O caminho crítico	80
Tipos de ligações entre atividades	81
Aceleração do cronograma	88
Considerações para ambientes ágeis	89

5 | Plano de gerência do cronograma — 93

Plano de gerenciamento do cronograma	94
Nível de precisão	96
Unidades de medidas	96
Modelo de cronograma	97
Componentes do cronograma	103
Manutenção/atualização do cronograma	106
Controle dos limites e desvios	106
Regras para medição do desempenho	107
Formato dos relatórios	107

6 | Controle do cronograma — 111

O conceito de controle	111
Estabelecendo referências	114
Monitorando o desempenho	115
Medindo o desempenho	116
Análise da variação das produtividades	120
Empreendendo ações corretivas	122
Nivelamento de recursos	123
Estabilização de recursos	125
Formas de apresentação do cronograma	126
Prazo agregado	130

7 | Corrente crítica   139
   O conceito de CCPM   139
   Caminho crítico de recursos (CCR)   143
   Montando a corrente   146
   O gerenciamento dos *buffers*   149

Conclusão   153
Referências   155
Os autores   159

Apresentação

Este livro compõe as Publicações FGV Management, programa de educação continuada da Fundação Getulio Vargas (FGV).

A FGV é uma instituição de direito privado, com mais de meio século de existência, gerando conhecimento por meio da pesquisa, transmitindo informações e formando habilidades por meio da educação, prestando assistência técnica às organizações e contribuindo para um Brasil sustentável e competitivo no cenário internacional.

A estrutura acadêmica da FGV é composta por escolas e institutos, todos com a marca FGV, trabalhando com a mesma filosofia: gerar e disseminar o conhecimento pelo país. Dentro de suas áreas específicas de conhecimento, cada escola é responsável pela criação e elaboração dos cursos oferecidos pelo Instituto de Desenvolvimento Educacional (IDE), criada em 2003 com o objetivo de coordenar e gerenciar uma rede de distribuição única para os produtos e serviços educacionais da FGV.

Este livro representa mais um esforço da FGV em socializar seu aprendizado e suas conquistas. Foi escrito por professores da FGV, profissionais de reconhecida competência acadêmica e prática, o que torna possível atender às demandas do mercado, tendo como suporte sólida fundamentação teórica.

A FGV espera, com mais essa iniciativa, oferecer a estudantes, gestores, técnicos e a todos aqueles que têm internalizado o conceito de educação continuada, tão relevante na era do conhecimento na qual se vive, insumos que, agregados às suas práticas, possam contribuir para sua especialização, atualização e aperfeiçoamento.

Rubens Mario Alberto Wachholz
Diretor do Instituto de Desenvolvimento Educacional

Sylvia Constant Vergara
Coordenadora das Publicações FGV Management

Introdução

Há uns 4,5 mil anos, os egípcios começaram a construção da pirâmide de Quéops. Heródoto, historiador grego, escreveu que essa pirâmide tomou 20 anos do trabalho de uns 100 mil camponeses. Empilharam, só nessa pirâmide, 2,3 milhões de blocos de granito e de pedra calcária que pesavam, em média, 2,5 toneladas cada. Foi um dos primeiros projetos de que se tem notícia. Hoje, as empresas modernas têm à disposição projetos cujo gerenciamento sofisticou--se, transformando-se quase em uma ciência.

Gerenciamento de projetos é assunto sério. Muito se investe em treinamento, processos, ferramentas e estruturas para aumentar a maturidade de um ambiente de gerenciamento. Mas ainda é possível observar uma série de problemas ligados a essa prática. Muitos deles estão relacionados a uma das variáveis mais imponderáveis e implacáveis de todas: o tempo. Uma verdade incontestável de nossos dias: projetos atrasam. É difícil quantificar ao certo o custo do atraso, mas é certo que existe um custo e é certo também que atrasos geram insatisfação. Quanto mais se retarda um projeto, mais lentamente se obtém o resultado esperado. Em muitos casos, isso pode significar a perda de uma oportunidade ou até de um determinado mercado.

É curioso mencionar que, muitas vezes, gerenciamento de projetos é confundido com gestão de ferramentas. Muitas empresas começam a investir em sofisticadas ferramentas de software para controle de cronograma e se dizem preparadas para gerenciar projetos. Não há nada de errado na iniciativa de investir em ferramentas de planejamento e controle. De fato, elas estão cada vez mais poderosas e controlando muito mais do que o cronograma. Muitas delas são capazes de controlar todo o portfólio de projetos da empresa. Mas não funcionam sozinhas. De nada adianta a melhor ferramenta sem os devidos processo e treinamento conceitual do que é gerenciamento de projetos. Seria o equivalente a dizer que nos tornamos escritores somente pelo fato de sabermos usar um editor de textos.

Referimo-nos ao gerenciamento do cronograma (e não ao gerenciamento do tempo), porque, tecnicamente, o tempo não se gerencia. Trata-se de um fato inexorável que se convencionou apresentar na forma de horas, dias, meses e anos, do mesmo modo para todos nós. O que podemos, sim, gerenciar é o cronograma de nossos projetos. O gerenciamento do cronograma está ligado a todas as outras áreas de gerenciamento de projetos. Pela figura 1, é fácil perceber a relação que gerenciamento do cronograma tem com outras áreas. Ao mesmo tempo, é difícil entender como, em muitos casos, gerentes e equipes de projeto acabam gerando cronogramas inteiros diretamente, digitando atividade por atividade em sua ferramenta predileta, sem antes ter fechado corretamente o desenho dos entregáveis do projeto.

É a visão de dependência e interligação com diversas áreas de planejamento e controle que procuramos oferecer neste livro. Reconhecemos que, por pressões do próprio mercado, muitas vezes essa abordagem acaba se tornando muito difícil. Ainda mais na chamada "era da velocidade e da mudança". O planejamento e o controle acabam cedendo ao improviso. O ritmo com que propostas têm de ser geradas e respostas têm de ser dadas eventualmente leva uma equipe a confundir plano de projeto com cronograma, ou até a gerar um plano insuficiente, ou plano nenhum, pressionada por um cliente interno ou externo.

INTRODUÇÃO

Figura 1
A relação de gerenciamento de cronograma com as demais disciplinas

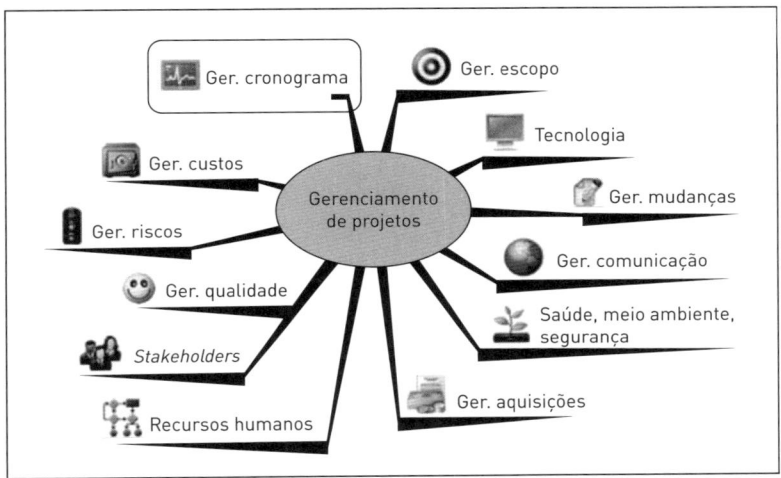

O gerenciamento do cronograma vai desde a definição de atividades, sequenciamento, estimativa de duração das atividades, montagem e controle do cronograma, incluindo o planejamento da gerência do cronograma em si.

Procuramos identificar as etapas do planejamento, dando uma visão de cada processo a você, leitor. Sempre que possível, exemplos práticos são utilizados para facilitar o entendimento do conceito.

Dividimos este livro em sete capítulos, conforme a informação a seguir.

O primeiro capítulo revela como funciona o processo de definição de atividades a partir de um escopo previamente combinado.

O segundo capítulo demonstra as várias formas de como pode ser feito o sequenciamento de atividades do projeto.

O terceiro capítulo revela a estimativa de duração das atividades, além de explicar como tratar o cálculo e as dificuldades inerentes a esse tipo de estimativa.

15

O quarto capítulo discute o desenvolvimento do cronograma com base nas informações obtidas nos capítulos anteriores. São mencionadas técnicas e ferramentas para montagem do cronograma do projeto, considerando o cálculo do caminho crítico e técnicas de aceleração.

O quinto capítulo engloba a gerência do cronograma em si, levantando questões como o nível de precisão das estimativas, unidades de medidas, o próprio modelo adotado para o cronograma, seus componentes, entre outras considerações.

O sexto capítulo diz respeito ao controle do cronograma propriamente dito. Uma vez gerado, ele precisa ser gerenciado e atualizado à medida que as tarefas forem sendo executadas. Quando gerenciamos cronogramas, não basta planejar; é preciso monitorar se o andamento do projeto está ocorrendo de acordo com o planejado em relação aos prazos de cada atividade do cronograma.

O sétimo capítulo trata de um tópico avançado em gerenciamento do cronograma em projetos, mais particularmente, sobre a filosofia da corrente crítica. Uma alternativa de planejamento e controle que – acreditamos – carece de mais conhecimento e divulgação, de forma a gerar mais opções para o gerente de projeto e sua equipe.

Esperamos, com este livro, revelar um pouco da nossa experiência no ensino e na arte de gerenciar cronograma em projetos. Não se trata somente de montar um cronograma, mas de como gerar valor real para o gerenciamento do projeto. Nosso desejo é que você, leitor, possa fazer analogias com seu cotidiano como gerente e aproveitar ao máximo a leitura.

1
Definição das atividades

Este capítulo pretende mostrar como obter, de forma concisa, a lista de atividades pertinentes ao projeto a ser executado. Você perceberá que, apesar de parecer um processo óbvio, podem ser várias as formas de obtenção das atividades, mas sempre com base no escopo do projeto. Definir as atividades que farão parte do cronograma é o primeiro processo de gerenciamento do cronograma, e, portanto, a porta de entrada para o gerenciamento de projetos. Assim, o mapa de definição das atividades sofre forte influência de processos de outras áreas envolvidas no gerenciamento de projetos, e influencia, também fortemente, os demais mapas de planejamento de cronograma, conforme pode ser observado na figura 2.

Figura 2
Definição de atividades do projeto

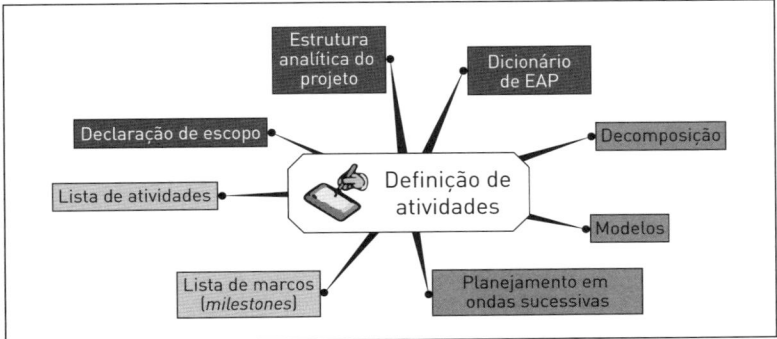

Contextualizando o mapa de definição das atividades dentro do gerenciamento do cronograma, observamos a forte dependência que o planejamento do cronograma tem em relação ao escopo do projeto. Fica muito difícil a definição de atividades sem o conhecimento total do escopo pretendido. Não é impossível, porque isso pode variar de projeto para projeto, mas fica visivelmente dificultada essa definição, dado que, logicamente, é preciso saber antes o que se deseja obter para depois se planejar como conseguir.

A definição das atividades tem papel fundamental no planejamento, execução e controle de um projeto. É por meio das atividades que se delegam as ações para as pessoas envolvidas no projeto, que se define o trabalho necessário para o cumprimento das entregas prometidas ao cliente e que se faz o cálculo do custo do trabalho para a orçamentação do projeto.

Possíveis atrasos ou antecipações durante a execução também estão sujeitos a ocorrer em função dessas atividades. É aí que podem ser observadas eventuais variações de custo e qualidade, que deverão receber ação gerencial corretiva dos gerentes do projeto, se necessário, como veremos mais à frente.

Além disso, somente após as atividades definidas podemos executar os processos seguintes do gerenciamento de cronograma, fazendo o sequenciamento e estimativa de duração (tempo). Resumindo, as atividades são as menores células gerenciais de um projeto e devem ser cuidadosamente planejadas e documentadas. Por meio de sua realização, são produzidos os subprodutos do projeto, identificados pela gestão de escopo. Ou seja, devemos estabelecer que ações são necessárias para cumprir cada uma das entregas definidas e, consequentemente, o projeto como um todo. Essa reconhecida influência do escopo do projeto pode ser vista a seguir.

A influência do escopo

Não somente o gerenciamento do cronograma, mas todas as áreas do gerenciamento de projetos têm no escopo do projeto a base para seu planejamento. Mas no caso específico do gerenciamento do cronograma, e principalmente no momento da definição das atividades, essa influência é determinante. Três itens derivados da gestão de escopo são fundamentais como insumos para o processo de definição das atividades:

- declaração de escopo do projeto;
- estrutura analítica do projeto (EAP);
- dicionário da EAP.

Ou seja, precisamos do documento de objetivo do projeto, de sua estrutura analítica (EAP) e da descrição dos itens que a compõem para determinarmos as atividades do projeto. Só com base nesses documentos podemos decompor os entregáveis em atividades. Tal decomposição é, na verdade, uma extensão da decomposição feita para geração da EAP, só que voltada para as atividades que serão realizadas, não focando nos produtos a serem entregues.

O objetivo, materializado pela declaração de escopo, contém a estratégia da organização para o projeto, informação crucial para o desenvolvimento da EAP, para a definição das atividades e o restante dos processos de planejamento. A EAP, como ferramenta de detalhamento do escopo, possui as seguintes funções para o gerenciamento do cronograma:

- melhorar a precisão das estimativas de tempo;
- auxiliar na definição de uma linha de base para medir e controlar o desempenho;

- possibilitar acompanhamento e controle do prazo do projeto tanto pelo "todo" quanto por entregas.

A decomposição, como ferramenta da definição das atividades, é conceituada pelo PMBOK (PMI, 2017a:185) como

a técnica usada para dividir e subdividir o escopo do projeto e suas entregas em partes menores e mais fáceis de gerenciar. Essas atividades representam o esforço necessário para completar um pacote de trabalho.

Explicando: devemos abrir os pacotes de trabalhos definidos pela EAP em atividades, decidindo assim as ações necessárias para cumprir cada uma das entregas do projeto. Teríamos, então, uma visão gráfica da EAP até o nível de atividades, como pode ser observado na figura 3.

A definição das atividades, na prática, pode ser confundida com o desenvolvimento da EAP, já que o detalhamento do escopo é um processo gradativo e constante durante o planejamento. Portanto, não é errado afirmar que com a definição das atividades concluída, teremos um conhecimento maior do escopo e poderemos optar por revisar a EAP criada inicialmente.

Porém, essa linha tênue que divide a criação da EAP e a definição das atividades pode fazer com que tenhamos dificuldade ou que confundamos os dois conceitos. Tomemos o pacote de trabalho da EAP anterior como exemplo e vejamos as duas situações a seguir.

Qual a diferença entre as duas decomposições da figura 4? Na primeira, os pacotes de trabalho são formas, armaduras e concreto e as atividades são representadas pela execução destas para os 1º, 2º e 3º andares. Na segunda, os pacotes de trabalho são os andares, enquanto as atividades são as execuções das fôrmas, armaduras e concreto para estes.

DEFINIÇÃO DAS ATIVIDADES

Figura 3
Exemplo de decomposição da EAP até de atividades

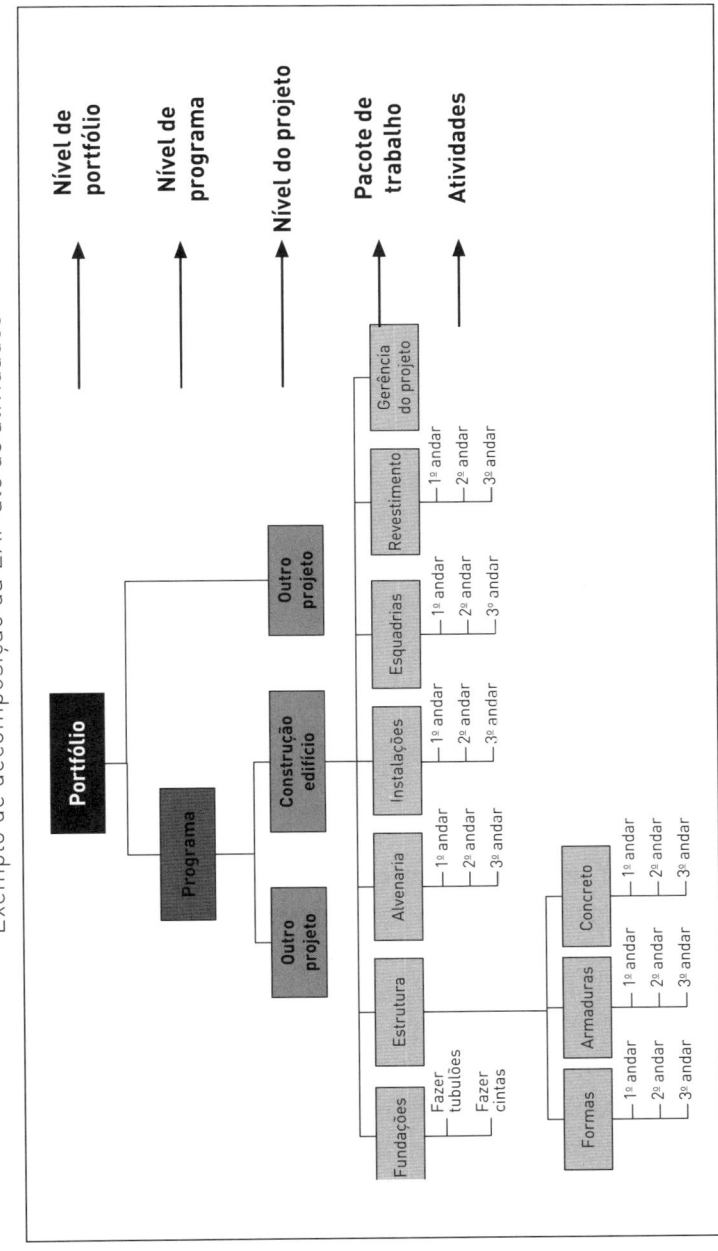

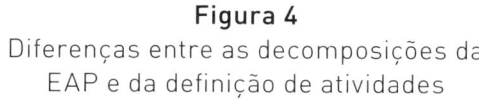

Figura 4
Diferenças entre as decomposições da
EAP e da definição de atividades

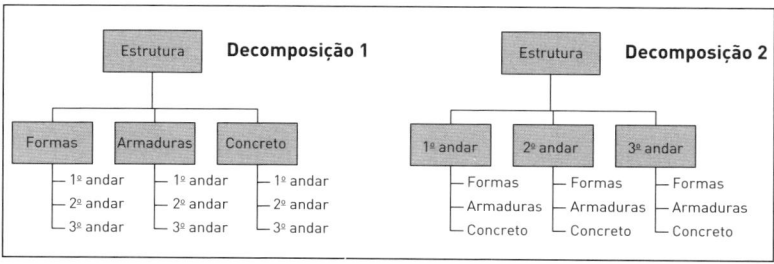

Observado o exemplo, podemos achar que tanto faz agrupar as atividades por andar ou natureza do trabalho, e assim poderíamos "transformar" uma atividade em pacote de trabalho e vice-versa. Porém quando focamos nas definições de pacote de trabalho e atividades, começam a surgir diferenças. Um pacote de trabalho é uma entrega do escopo do projeto e as atividades são as ações necessárias para cumpri-lo. Portanto, a primeira decomposição da entrega possui subentregas diferentes da segunda, apesar de o custo, prazo e trabalho das duas serem virtualmente os mesmos; e isso muda tudo.

Na primeira decomposição, somente serão feitas a entrega e a validação dos pacotes de trabalho que compõem a estrutura quando os três andares estiverem prontos, enquanto na segunda decomposição as entregas são sequenciais no tempo, já que a estrutura é feita andar por andar. Assim, a segunda decomposição possui as entregas alinhadas com a sequência executiva do projeto, o que pode ser uma opção interessante caso tenhamos o prazo como fator importante do projeto ou se as entregas parciais estiverem associadas aos pagamentos do projeto.

A primeira opção talvez seja de mais fácil gerenciamento se analisarmos os aspectos ligados à qualidade técnica do produto do projeto, como cronograma de concretagem e reaproveitamento de formas entre os andares. Porém, nos dois casos, o trabalho do projeto é o mesmo e o que os difere é a forma pela qual o organizamos em entregas diferentes. A organização deve seguir principalmente sua estratégia, materializada no documento de declaração do escopo, e teríamos a EAP e suas respectivas atividades representadas da melhor maneira segundo as características do projeto.

Até onde detalhar a lista de atividades? Seria recomendável um leque muito grande de atividades ou um mínimo necessário para a execução do projeto? Quais as vantagens e desvantagens de trabalhar com cada uma dessas abordagens? Apresentamos, a seguir, uma análise de até onde devemos ir com a definição de atividades do ponto de vista da precisão gerencial desejada. Também analisamos que tipo de influência sobre o planejamento e controle do projeto essa decisão pode exercer.

Precisão gerencial *versus* definição das atividades

A EAP tem a função de melhorar a precisão das estimativas de duração das atividades, o que é fundamental para o gerenciamento do cronograma. Quanto mais detalhadas a EAP e a definição das atividades, maior o número de entregas e atividades incluídas no projeto. Teríamos um grande número de atividades de pequena duração, o que faria nossa estimativa de tempo das atividades mais precisa, aumentando a exatidão do cronograma.

Esse detalhamento também aumentaria a precisão gerencial, já que planejaríamos e controlaríamos um projeto com grande número de atividades que representariam mais fielmente cada uma das ações do projeto.

Mas, essa precisão tem um preço. Quanto maior o número de atividades, maior o trabalho gerencial para planejar e controlar o projeto, o que torna necessária uma grande equipe e uma excelente comunicação para lidar com o grande número de pequenas atividades.

Cabe ao gerente do projeto analisar a organização e a maturidade do ambiente onde ele está inserido e inferir sobre a real capacidade gerencial e de comunicação de que seu gerenciamento de projetos dispõe, adaptando sua precisão gerencial a essa realidade por meio do detalhamento da EAP e suas atividades. Há o caso inverso, no qual o projeto tem grande importância ou envolve valores financeiros altos, que justificam e financiam um maior detalhamento gerencial e a estrutura de pessoal e de comunicação necessária para tal.

É recomendável que sejam mais detalhadas as entregas cuja importância seja crucial para o projeto, tanto técnica quanto gerencialmente. Logo, em um projeto no qual o prazo tem importância relevante, seria de grande valia um detalhamento maior das entregas e das atividades que compõem seu caminho crítico, conforme veremos durante a leitura do livro. Isso propicia um crescimento da precisão gerencial nas partes que diretamente contribuem para o prazo do projeto.

A mesma ideia se aplica para entregas de maior custo em um projeto no qual esse fator é mais relevante e para as entregas tecnicamente mais importantes quando a qualidade do produto tem destaque. Recomenda-se a empresas de baixa maturidade em gerenciamento de projetos que busquem o detalhamento gerencial mínimo necessário, o que se traduziria em um número reduzido de entregas e, principalmente, de atividades na definição do projeto.

Em 2001, o Project Management Institute (PMI), referência mundial em gerenciamento de projetos, com sede nos EUA e que visa fomentar as melhores práticas na área, contribuindo para o aumento do profissionalismo da carreira de gerente, publicou o *Practice standard for work breakdown structures* (PMI, 2001), no qual alguns aspectos e recomendações referentes ao nível de detalhamento da

EAP e das atividades são tratados. Destacamos os seguintes tópicos no que tange ao detalhamento das atividades:

- deve ser suficiente para se fazer a estimativa de duração, trabalho e custo da atividade;
- deve ser suficiente para se definir as interdependências entre as atividades;
- deve ser suficiente para se fazer a alocação da atividade para um recurso;
- deve fazer com que a duração das atividades não exceda o período de reporte definido no plano de comunicação;
- deve fazer com que a duração das atividades esteja entre 1% e 10% da duração total do projeto.

Os aspectos aqui descritos servem como recomendação, cabendo ao gerente do projeto o melhor balanceamento entre o detalhamento da EAP e das atividades em função da precisão gerencial desejada e de acordo com a característica do projeto e do ambiente em que ele será executado. É importante lembrar que alguns modelos de EAP estão disponíveis, podendo ser utilizados para facilitar a criação de uma lista de atividades pertinentes ao projeto, como descrito a seguir.

Modelos de EAP para definição de atividades

Como acontece para o desenvolvimento da EAP, é factível que durante a definição das atividades tenhamos condição de padronizar certas partes do projeto, que é único, não cabendo padronização do todo. Assim, como complemento da possibilidade de termos modelos de EAPs, podemos igualmente ter modelos de EAPs com suas respectivas atividades, que serviriam de base para o detalhamento daquela entrega.

Essa padronização de atividades, apesar de limitada em relação ao todo das atividades do projeto, tem grande importância para o gerenciamento de projetos, já que por meio dela teríamos condição de comparar sua utilização nas diversas entregas ou entre projetos, abrindo caminho para a criação do histórico da atividade. Com o histórico, teríamos mais informações para diminuir a incerteza do planejamento, principalmente na estimativa de duração das atividades, além de um planejamento mais preciso das diversas áreas.

Outro comentário válido é que para estruturas gerenciais, como os chamados escritórios de projetos ou *project management offices* (PMOs), essa padronização é fundamental para alimentar os processos de lições aprendidas e melhoria contínua, já que possibilitam a definição de métricas no âmbito da gerência do projeto, programa e portfólio.

A possibilidade de padronização depende muito da natureza técnica do projeto e das áreas em que o produto do projeto é mais facilmente mensurável. Se a tecnologia que define a execução não muda com grande frequência, fica mais fácil a padronização e o uso de modelos. É o caso da engenharia civil, por exemplo, que como qualquer outra área tem projetos únicos, porém tecnicamente semelhantes. Nesse caso, usam-se as chamadas "composições", exemplos de modelos de EAP e de atividades em que, para a execução de uma parede de alvenaria, se obtêm facilmente no mercado (ou nas literaturas especializadas) as atividades necessárias, índices de produtividade de recursos e até o consumo de materiais.

A utilização de marcos (*milestones*)

Os marcos são atividades especiais, constantes do cronograma, com função não de exprimir uma ação, e sim um evento pontual no tempo. Um marco é uma atividade sem duração e, consequentemente, sem trabalho e custo, não tendo um recurso com a função de executar uma ação.

São, na verdade, datas no cronograma representativas de eventos importantes para o projeto, também conhecidos como *milestones*. Podem ser de vários tipos:

- entrega do produto ou serviço resultante, sendo, portanto, a data final do projeto;
- entrega dos pacotes de trabalho da EAP, sendo a data de término destes;
- reuniões, apresentações, eventos de importância no projeto que mereçam uma representação e acompanhamento da sua data no cronograma;
- eventos pontuais cuja duração seja tão pequena que não compense uma representação temporal no cronograma, mas cujo registro pontual seja importante, tais como recebimento de relatórios e validação das entregas do projeto;
- datas importantes ou restrições do projeto, como fechamento de contrato e datas preestabelecidas de paradas para manutenção;
- interface com eventos externos ao projeto, como recebimentos de material, equipamentos e toda e qualquer ação que não faça parte do escopo do projeto, mas cujo resultado influencie alguma atividade deste.

Fazendo uso de *milestones* podemos obter visualizações simplificadas nas quais um cronograma de marcos representando as entregas da EAP daria uma visão temporal destas. Assim teríamos um pacote de trabalho representado por um elemento da EAP, as atividades e o marco representativo da sua entrega, conforme ilustrado na figura 5.

Figura 5
Marco representando uma entrega na EAP

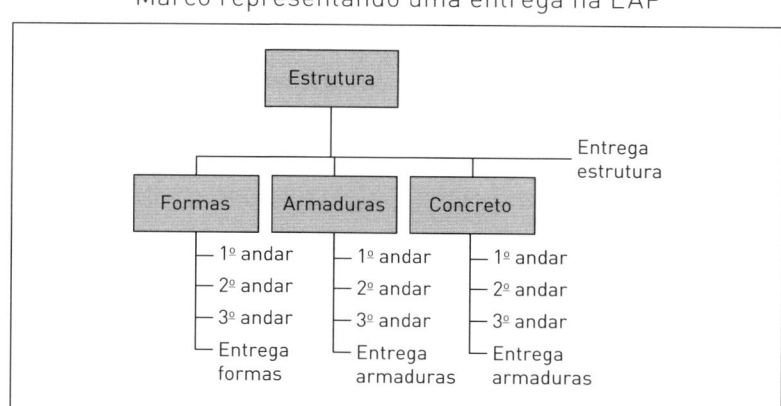

O marco de maior importância para o gerenciamento do cronograma é a entrega final do projeto. Além de compor a EAP como um elemento de gerência do escopo, o marco tem uma função específica para o processo de sequenciamento das atividades, como veremos nos próximos capítulos, uma vez que a divisão da rede por meio do método de diagrama de precedências precisa que todas as atividades possuam uma sucessora direta.

Porém, como algumas atividades não têm uma sucessora no processo técnico, elas se ligam ao marco de final de projeto que faz da rede de precedências uma malha fechada, característica necessária para o bom sequenciamento. Para facilitar a identificação dos itens do projeto, recomendamos a descrição dos pacotes de trabalho por meio de substantivos, já que são entregas; das atividades por mero de verbos no infinitivo, já que são ações; e dos marcos om o uso de substantivos e verbos no passado, conforme o exemplo a seguir:

- pacote de trabalho – alvenaria;
- atividade – executar alvenaria do cômodo 1;
- marco – alvenaria entregue.

O planejamento em ondas sucessivas

O trabalho de elaboração e detalhamento do escopo e, posteriormente, das atividades do projeto é progressivo, realizado desde a fase de iniciação e planejamento do projeto e feito até durante a execução e controle, já que nossa incerteza sobre o projeto vai diminuindo com o passar do tempo. Porém precisamos definir a EAP e as atividades em um nível tal que fiquemos confortáveis para desenvolver o restante do planejamento, mesmo que só seja possível obter as informações necessárias para um detalhamento mais preciso depois.

É nesse cenário que se encaixa o planejamento em ondas sucessivas (*rolling wave planning*) que, de acordo com o PMBOK (PMI, 2017a:185),

> é uma técnica de planejamento iterativo em que o trabalho a ser executado a curto prazo é planejado em detalhe, ao passo que o trabalho mais adiante no tempo é planejado em um nível mais alto. É uma forma de elaboração progressiva aplicável a pacotes de trabalho, pacotes de planejamento e planejamento de grandes entregas.

Portanto, planeja-se a etapa atual em detalhes, e as seguintes serão detalhadas baseadas nas informações consequentes da execução atual, e assim sucessivamente. O planejamento das etapas seguintes é chamado de *rolling wave planning window*, conforme pode ser visto na figura 6, onde se define a janela de planejamento em unidades de tempo ou baseando-se em marcos gerenciais definidos na EAP ou cronograma de nível macro.

Assim como a incerteza do escopo faz com que só possamos detalhar o escopo do projeto em uma fase depois de realizar a anterior, há o caso mais complexo no qual só conseguimos determinar o escopo do projeto nas fases seguintes, quando realizamos as anteriores e, a partir das informações destas, podemos planejar o próximo passo.

Figura 6
Exemplo de *rolling wave planning window*

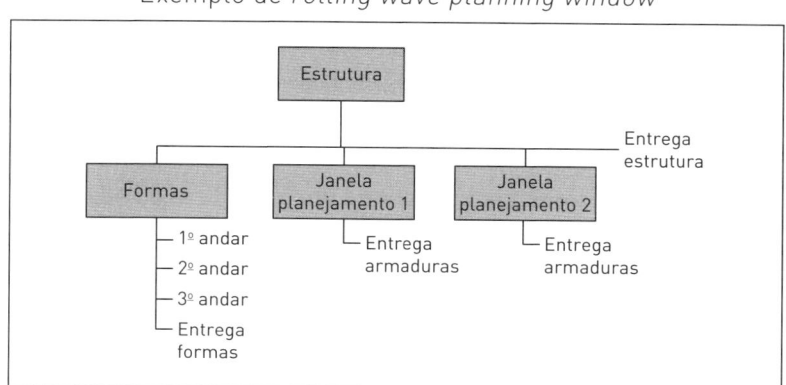

Planejamento em projetos de escopo aberto

Os chamados projetos de escopo aberto são aqueles nos quais só se consegue a definição do escopo total do projeto perto do fim. Nesses casos extremos, o planejamento é muito prejudicado na sua precisão, já que o planejamento de cronograma, custos, recursos, qualidade e demais áreas é dependente de um escopo fechado, e qualquer mudança nele acarretará mudanças nessas outras áreas.

Esse fenômeno não é tão incomum quanto se possa pensar. Na verdade, é o cotidiano vivido por muitas empresas, nas quais o cliente é externo à organização executora. Devido ao ambiente altamente competitivo, é necessária a preparação rápida de uma proposta comercial para o projeto muitas vezes sem ter a totalidade das informações necessárias para o fechamento do escopo e, consequentemente, para a definição do prazo, custo e demais variáveis do gerenciamento de projetos. Assim, assume-se um risco comercial acrescentando-se margens maiores, que se traduzem em preços altos, para compensar essa incerteza. Após a proposta aceita, o planejamento é feito usando as ondas sucessivas para manter os valores do projeto dentro das margens acordadas comercialmente. Considerações específicas relativas às incertezas são abordadas com maior nível de detalhe no capítulo relativo à corrente crítica, incluindo as chamadas margens de tempo utilizadas para compensação de estimativas.

Há ainda o caso em que a incerteza do escopo é de natureza técnica. É possível conhecer o produto do projeto, mas só se conseguirá definir como fazê-lo durante a execução, sendo que as informações provenientes de uma fase determinarão o que se fará em seguida. Isso representa novamente o caso do "escopo aberto", no qual a incerteza do escopo diminui com a execução do projeto, porém em um grau mais acentuado. Mesmo assim, o planejamento em ondas sucessivas é usado para as fases seguintes – definidas ao término das anteriores – e é totalmente orientado pelo resultado da execução. Em casos assim, é de grande importância o acréscimo, no cronograma, de pontos de controle (marcos) que definem o evento de encerramento de uma fase e detalhamento ou determinação das seguintes.

* * *

Vimos aqui a importância de uma correta definição de atividades como passo inicial para a montagem do cronograma e consequente gerenciamento do projeto. Nos próximos capítulos, estaremos estruturando ainda mais esse planejamento, formando a base do que se espera de um bom plano de gerenciamento do cronograma.

2
Sequenciamento de atividades

Este capítulo tem por objetivo demonstrar a forma pela qual pode ser estruturado o sequenciamento das atividades do projeto, levando à geração do que chamaremos de diagrama de rede. Após o conjunto de atividades pertinentes e necessárias ao projeto ter sido definido com base na EAP, é necessário que se represente essa lista de atividades em uma determinada ordem lógica, que faça sentido em relação ao trabalho a ser realizado. Assim, é possível uma correta visualização de como o projeto deverá transcorrer. O nome que se dá a esse processo é sequenciamento de atividades.

O processo de sequenciamento

Por meio do processo de sequenciamento, passa a ser viável a identificação dos diversos relacionamentos lógicos entre atividades, em função das relações de precedência adequadas. É preciso não só representar, mas documentar todos os tipos de relacionamento, suas eventuais exigências de antecipações ou atrasos e tudo que se faça necessário para que o desenvolvimento do cronograma seja feito da maneira mais realista possível.

Apesar de recomendado, o uso de um programa de computador para geração do sequenciamento não é obrigatório. A decisão de usar ou não um programa para representar as diversas atividades e suas dependências é decisão do gerente do projeto e, normalmente, varia em função da sua natureza. Evidentemente, é possível gerar um diagrama de rede com todas as atividades e suas diversas inter-relações corretamente demonstradas sem fazer uso de um programa que automatize essa função. Mas hoje essa ação não faz muito sentido, dada a quantidade de ferramentas computacionais disponíveis no mercado, incluindo essa e outras funções embutidas em softwares de gerência de projeto, tais como: WBS Schedule Pro©, MS-Project©, Primavera©, Artemis©, entre muitos outros disponíveis.

Também a relação custo/benefício desse tipo de programa tem se tornado progressivamente mais acessível, principalmente em função da complexidade e do tamanho de determinados projetos.

O objetivo final do sequenciamento das atividades é a obtenção de um diagrama de rede completo, compreendendo todas as atividades do projeto e suas diversas inter-relações. Para tanto, com o intuito de tentar minimizar problemas futuros indesejáveis e, ao mesmo tempo, maximizar as chances de sucesso do sequenciamento, é importante que o gerente do projeto e sua equipe estejam preparados com todos os documentos, processos e ferramentas necessários para a geração do diagrama de rede, apresentado na figura 7. Quanto maior for o tempo gasto com planejamento em todas as fases do ciclo de vida do projeto, maiores as chances de sucesso do mesmo (Cleland, 1999).

A primeira preocupação do gerente é coletar e ter à disposição os documentos necessários para o trabalho de sequenciamento de atividades. Tais documentos incluem a declaração de escopo do projeto, a lista de atividades obtida por meio da decomposição da EAP, os possíveis marcos (*milestones*) impostos pelos diversos *stakeholders* do projeto e as mudanças solicitadas.

Figura 7
Mapa do sequenciamento das atividades em projetos

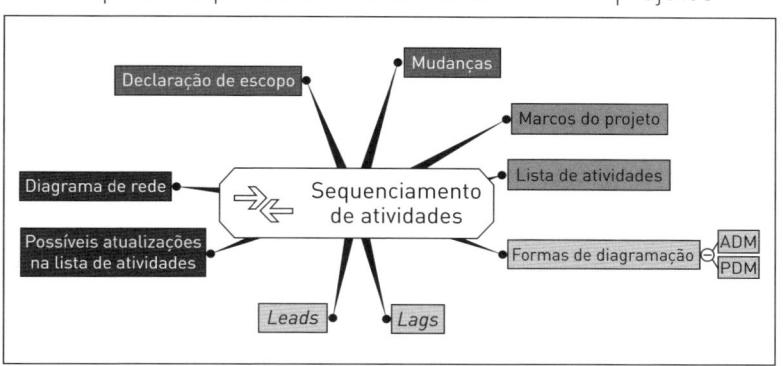

A declaração de escopo é fundamental, já que o gerente precisa ter uma visão muito clara do produto ou serviço a ser desenvolvido, incluindo suas características, premissas assumidas, restrições etc. O que não faz parte do escopo também precisa estar bem claro na declaração, para facilitar o entendimento do projeto e viabilizar um diagrama de rede coerente com a realidade do produto a ser desenvolvido.

A lista de atividades inicialmente obtida por meio da EAP pode ser alterada durante o processo de sequenciamento de atividades. Na verdade, é muito comum que isso aconteça, já que durante o processo de geração do diagrama de rede novas atividades ou etapas acabam surgindo. Esse fenômeno acontece de forma recursiva em sua essência. Ou seja, o processo de sequenciamento de atividades altera naturalmente a lista de atividades obtida originalmente e vice-versa.

Os marcos de projeto (*milestones*) podem ter sido sugeridos pelo cliente do produto em questão ou por qualquer outro *stakeholder*. Podem aparecer no formato de datas-chave opcionais ou obrigatórias (exigidas em contrato), que não possuem tecnicamente nenhum tipo de recurso associado, mas acabam determinando uma restrição à execução do projeto.

Em um primeiro momento, às vezes pode se tornar muito difícil a correta preparação e visualização de toda a rede de precedências do projeto, dada a complexidade e o tamanho do mesmo. Nesses casos, é muito comum a preparação de um diagrama de rede macro do projeto e, à medida que as fases vão evoluindo, faz-se a montagem do diagrama detalhado fase a fase. A opção por um planejamento progressivo é muito comum em empreendimentos complexos, com listas de atividades muito grandes.

As mudanças solicitadas pelo próprio cotidiano do projeto, uma vez aprovadas e fazendo parte da linha base de performance formada pelo conjunto de linhas base de escopo, cronograma e custos do projeto, podem e devem ser incorporadas ao diagrama de rede do projeto. A recíproca também é verdadeira. O processo de sequenciamento também pode gerar mudanças para o projeto como um todo em função de necessidades que se façam sentidas durante o planejamento e manipulação de cada atividade e suas inter-relações.

Para a construção do diagrama de rede, vários tipos de ferramentas estão disponíveis. Seu uso depende do tipo de aplicação que se queira obter com o diagrama. Porém, para construção do diagrama, alguns tipos de relações de precedência entre atividades têm que ser considerados.

Esses tipos de dependência determinam a forma como cada atividade se inter-relaciona com sua sucessora. Existem, basicamente, quatro tipos de relações de precedência entre atividades, como mostra a figura 8.

As relações de precedência explicadas precisam ser demonstradas para que seja possível o exercício de sequenciamento das atividades. O objetivo principal é a geração de um diagrama de rede conforme veremos adiante.

SEQUENCIAMENTO DE ATIVIDADES

Figura 8
Tipos de relações de precedência

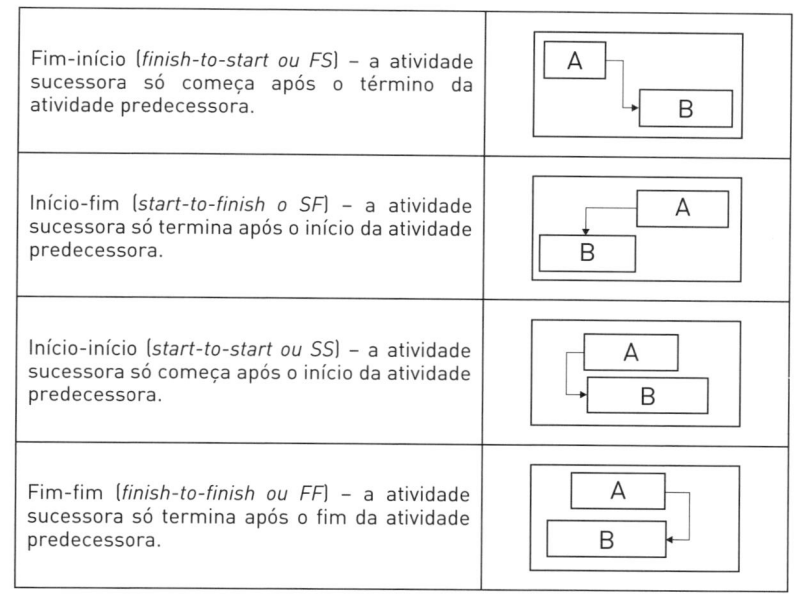

Fim-início (*finish-to-start* ou *FS*) – a atividade sucessora só começa após o término da atividade predecessora.	A → B
Início-fim (*start-to-finish* o *SF*) – a atividade sucessora só termina após o início da atividade predecessora.	B → A
Início-início (*start-to-start* ou *SS*) – a atividade sucessora só começa após o início da atividade predecessora.	A → B
Fim-fim (*finish-to-finish* ou *FF*) – a atividade sucessora só termina após o fim da atividade predecessora.	A → B

Métodos de diagramação

Existem basicamente três tipos de métodos de diagramação: ADM, PDM e CDM. Vejamos cada um deles em detalhe.

ADM

Originalmente inventado nos anos 1950, o método de diagrama de setas, também chamado de ADM (*arrow diagramming method*) ou AOA (*activity-on-arrow*), apresenta um formato no qual as setas representam as atividades e os nós representam as dependências entre elas.

Tal tipo de diagramação pode sugerir uma difícil visualização a princípio, mas durante muitos anos foi amplamente utilizado, principalmente em projetos de engenharia e pesquisa operacional, buscando otimização de tempo e custos por meio de cálculos e algoritmos ligados à programação linear. Deve ser dada a devida importância ao nó (ou evento), já que ele representa a situação em que todas as suas atividades predecessoras estão completas e todas as suas atividades sucessoras podem ser iniciadas. Ao evento normalmente associa-se a data de ocorrência ou um marco do projeto. No caso da montagem de um determinado equipamento em uma fábrica, o nó pode representar o marco em que o equipamento está pronto. O diagrama ADM ajuda muito na visualização desse tipo de projeto. Na figura 9, temos o exemplo de utilização de um diagrama ADM sem escala, representando um projeto de café da manhã.

Figura 9
Exemplo de diagrama de rede com método ADM sem escala

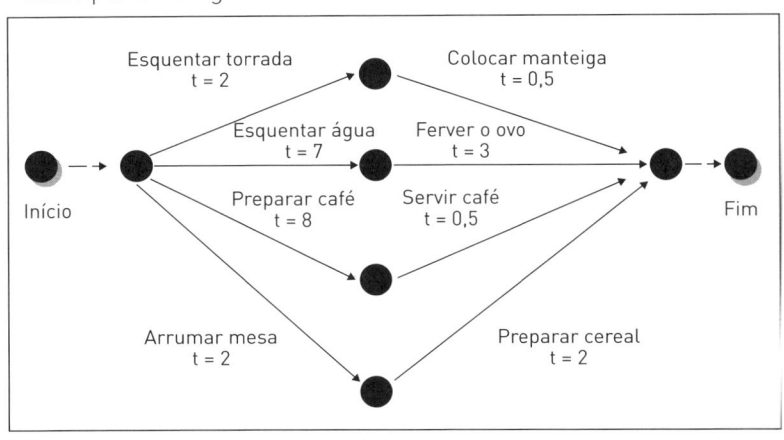

O método ADM prevê o uso apenas de relações de precedência do tipo fim-início entre suas atividades e pode ser construído com ou sem um formato em escala. A escala permite uma visualização melhor de cada atividade dentro de um horizonte de tempo, mas não é a forma mais comum de representação. Mesmo porque, até a década de 1960, a programação era realizada manualmente, o que representava um tremendo trabalho de redesenho a cada mudança de programação. O manuseio em escala acaba sendo pouco conveniente, até para visualização em programas de computador. Este fato fez com que o diagrama ADM sem escala se popularizasse. No novo formato, o tamanho da seta já não era tão importante e nem proporcional à sua duração. Conforme o projeto vai sendo executado e as modificações vão ocorrendo, basta alterar os valores nas setas.

Além disso, o método de diagrama de setas pode fazer uso das chamadas atividades-fantasmas (*dummy*), conhecidas por não consumirem nem tempo nem recursos. Elas só estão presentes para demonstrar uma relação de dependência entre atividades, que de outra forma não poderia ser representada em um diagrama do tipo ADM. Normalmente, a *dummy* é representada na forma de uma linha tracejada, indicando somente a dependência. As atividades propriamente ditas do diagrama possuem um título e uma estimativa de tempo associados.

Como pode ser observado na figura 10, as atividades-fantasma são de extrema importância nesse tipo de diagrama, pois de outra forma não seria possível representar uma relação de dependência, por exemplo, entre as atividades D e C.

Figura 10
Exemplo de diagrama de rede com atividade-fantasma

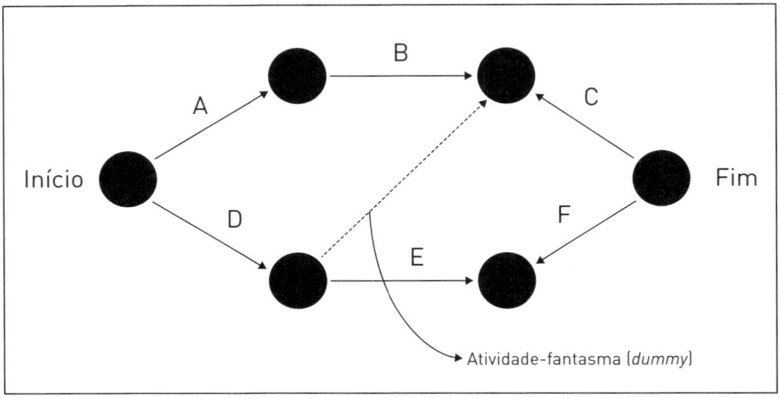

Atividade-fantasma (*dummy*)

PDM

O método do diagrama de precedências foi introduzido entre 1962 e 1964 pela Stanford University, por meio do dr. John Fondahl. A Marinha dos Estados Unidos lhe encomendou um método mais flexível e que, ao mesmo tempo, resolvesse a necessidade do uso das atividades-fantasma.

O tipo de diagramação sugerido por Fondahl oferece uma clara vantagem em relação ao método de diagrama de setas, uma vez que as atividades estão representadas nos nós e as relações nas setas. Isso facilita muito a visualização do diagrama e suas interdependências, como pode ser observado na figura 11, tornando o processo de planejamento mais intuitivo e prático. Em função do desenho formado, esse método também é chamado de PDM (*precedence diagramming method*) ou AON (*activity on node*). Esse tipo de representação é o mais comum em quase todos os softwares de planejamento do mercado.

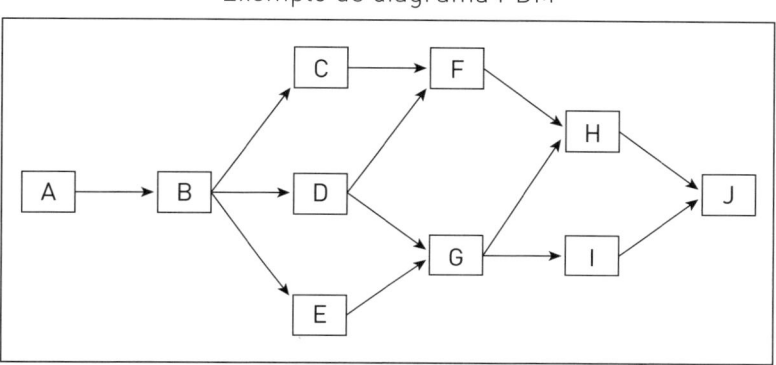

Figura 11
Exemplo de diagrama PDM

[Diagrama PDM: A → B → C, D, E; C → F; D → F, G; E → G; F → H; G → I; H, I → J]

Conforme dito, com esse método não existe a necessidade de utilização de atividades *dummy*. Além disso, é possível fazer uso de outros tipos de relações de precedência que não somente fim--início. Tal característica permite uma flexibilização maior do diagrama de rede, com relações demonstradas de várias formas em função da necessidade de cada projeto e situação. Por meio de softwares de planejamento como o MS-Project©, é possível indicar o tipo de relacionamento desejado para cada atividade: fim-início, início-início, fim-fim, início-fim, conforme exemplificado na figura 12.

A migração para esse tipo de diagramação, e até mesmo para outras técnicas de planejamento mais sofisticadas, aconteceu em paralelo com a evolução do poder da informática, permitindo um maior poder de processamento e cálculo das diversas representações de projetos.

Figura 12
Exemplo de configuração de relação de
precedência usando o MS-Project©

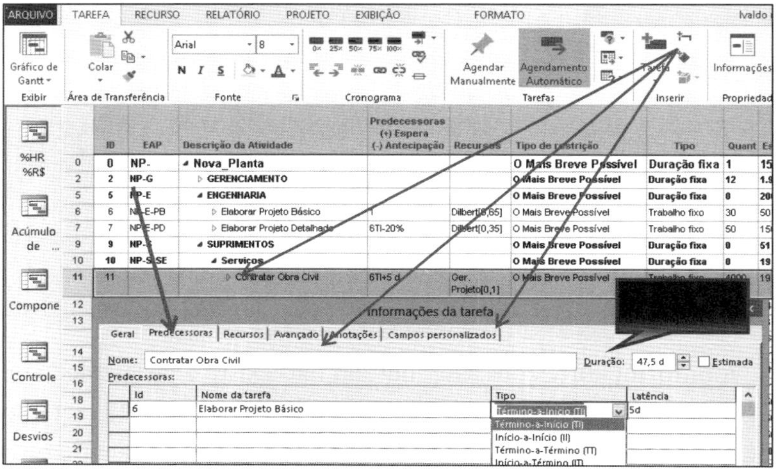

CDM

Outro tipo muito menos utilizado de diagrama de rede, mas que também deve ser mencionado, é o método de diagrama condicional ou *conditional diagramming method* (CDM). O conceito foi apresentado em meados dos anos 1960 como um procedimento para análise de redes com atividades que necessitam de diferentes distribuições probabilísticas. Sua representação mais comum é feita por meio da técnica conhecida como GERT (*graphical evaluation and review technique*), na qual é possível a inclusão de derivações probabilísticas, múltiplas saídas, desvios condicionais, efeitos recursivos e nós com repetição de eventos (*loops*).

As características desse tipo de diagramação o tornam bastante flexível e adequado a projetos de pesquisa e desenvolvimento. No âmbito comercial, é muito difícil observar aplicações que usem esse conceito. É possível também o gerente fazer uso de diagramas de rede montados anteriormente para projetos semelhantes ou até mesmo provenientes de seus fornecedores.

Apesar de cada projeto ser único em sua característica e objetivo, não é incomum o uso de outros diagramas ou parte deles como modelos, de forma a facilitar o planejamento. Essas "partes" de modelos de rede são conhecidas como *fragnets* ou *subnets*. Sua aplicação é útil em projetos nos quais algum grupo de entregas é parecido, como na figura 13.

Figura 13
Exemplo de gráfico CDM (GERT)

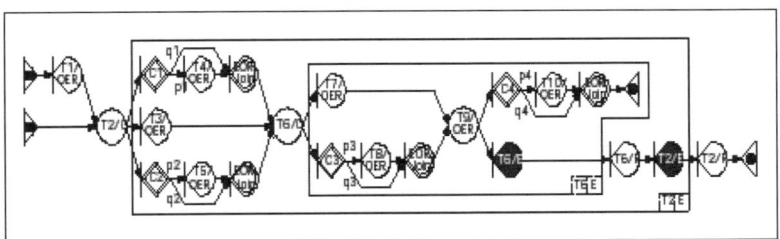

Para que possa ser desenhada a correta sequência de atividades, é necessário o conhecimento dos tipos de dependência entre as atividades, como veremos a seguir.

Tipos de dependências

Existem três tipos de dependências que definem uma sequência entre atividades:

- dependências obrigatórias – inerentes à natureza do trabalho que está sendo realizado. Normalmente envolvendo limitações físicas, são também chamadas de *hard-logic*. Um

exemplo de dependência obrigatória é o fato de que é preciso construir uma parede antes de poder pintá-la;
- dependências arbitrárias – por não serem obrigatórias, em geral são aquelas com base nas melhores práticas de mercado (*soft*) ou que existem em função de um desejo da equipe de projeto (*preferential*). Um exemplo é desenvolver um determinado módulo de um sistema antes de outro que também pode ser desenvolvido mais cedo. Ambas as sequências são aceitáveis, mas a equipe de projeto se sente mais confortável com uma lógica específica (em função de experiências de sucesso em projetos anteriores, por exemplo). Outro exemplo seria iniciar a infraestrutura de uma casa pela parte elétrica antes da hidráulica ou vice-versa. Como esse tipo de dependência pode gerar folgas arbitrárias no projeto, é fundamental que seja documentada;
- dependências externas – são aquelas que envolvem relações de dependências entre atividades de dentro e de fora do controle do projeto. Os exemplos mais comuns são atividades ligadas ao governo, que acabam por influir no andamento do projeto (licenças ambientais, leis etc.). Muitas atividades e projetos atrasam em função do desconhecimento ou até descaso por parte da equipe e do gerente de projeto, em relação a atividades que mantêm algum tipo de dependência externa com o projeto.

Leads e *lags*

É fundamental também que sejam consideradas, pela equipe técnica do projeto, antecipações (*leads*) ou esperas (*lags*) que podem influir na relação lógica entre atividades ou mesmo em sua duração. Essa análise deve ser documentada pela equipe técnica e deve ser parte integrante do sequenciamento de atividades.

Um *lead* leva à antecipação de alguma atividade sucessora. Ou seja, um adiantamento é possível devido a alguma causa externa ou em função de uma decisão da equipe em começar mais cedo um determinado módulo do projeto, mesmo sem ter terminado o anterior.

Um *lag* sugere uma espera em atividade sucessora. Em outras palavras, alguma atividade ou evento pode necessitar de algum tipo de retardo que deve ser considerado na época do planejamento e que não pode ser ignorado pela equipe. Um exemplo pode ser uma peça que deve ser recebida pela equipe após passar pela alfândega. Pode ocorrer uma espera de três dias para liberação, que significa que as atividades sucessoras a esse recebimento não podem começar antes de três dias após a chegada da peça à unidade alfandegária.

A forma de representação de um *lead* ou *lag* em um diagrama de rede do tipo PDM se dá por meio da colocação do tipo de relacionamento (FF, FS, SS, SF) acrescido do tempo de *lead* ou *lag* entre duas atividades. Um exemplo seria: FS + 4, que significaria um relacionamento do tipo fim-início com quatro dias de espera entre as duas atividades em questão.

Existem alguns problemas conhecidos que influenciam demais na representação de diagramas de rede. Um deles é o uso excessivo de *leads* e *lags*. Apesar de ser reconhecidamente uma técnica válida e muito usada, seu mau uso pode tornar mais difícil a identificação do real impacto de mudanças no cronograma, já que esperas e adiantamentos são considerados previamente. Pode falhar também na identificação de que parte de uma atividade sobreposta a outra é verdadeiramente crítica, ainda mais se for o caso de atividades--sumário, conforme abordado a seguir.

Atividades-sumário

Outro conceito importante é o que a literatura trata como uma atividade *hammock* ou sumário de atividades. É comum também a necessidade de representar duas ou mais atividades que estejam interligadas por meio de uma "atividade-mãe" que representa todo o conjunto, como ilustrado na figura 14.

Figura 14
Exemplo de atividade *hammock*

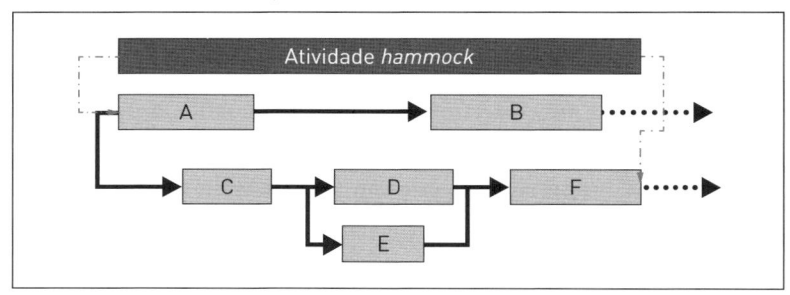

Também é possível que seu uso esteja associado à medição do tempo transcorrido entre as atividades dentro do *hammock*. Uma vez construído o diagrama de rede, é possível também que o gerente ou a equipe de projeto observe que determinada atividade necessária não está presente na lista de atividades previamente descrita e que serviu como base para o sequenciamento lógico. Assim, não é incomum que o sequenciamento também gere novas atividades ou atributos de atividades a serem considerados para a realização do projeto.

* * *

Neste capítulo, apresentamos como pode ser estruturada e visualizada a sequência lógica de atividades no projeto. Geramos um diagrama de rede a partir da lista de atividades, levando em consideração os possíveis adiantamentos, atrasos e relações de dependência entre elas. Nos capítulos seguintes, iremos revelar como estimar as unidades de tempo e os recursos necessários ao desempenho de cada atividade.

3
Estimando a duração das atividades

Vimos até agora como se definem as atividades do projeto e como se prepara um diagrama de rede com base na sequência lógica de atividades. Este capítulo visa à definição de quantos períodos serão necessários para a execução de uma determinada atividade.

Estimar a duração é um dos aspectos mais difíceis e complexos do planejamento de um projeto. Assim, procuramos explorar as etapas necessárias para que uma adequada estimativa de duração de atividades possa ser realizada. Mas é importante lembrar que se trata de uma estimativa e nunca de uma certeza absoluta.

Diversos fatores devem ser considerados para a elaboração adequada de uma estimativa: ameaças e oportunidades que podem surgir ao longo do projeto, a competência e a produtividade dos recursos envolvidos e sua curva de aprendizagem. A tentativa é a de responder à clássica pergunta "quanto tempo demora?" com o maior nível de precisão possível, pois certeza absoluta não existe. A figura 15 representa o mapa de estimativa de duração das atividades.

Para muitas pessoas, estimar duração de atividades de projeto é o mesmo que estimar atividades operacionais que fazem parte do nosso dia a dia. Os projetos são exclusivos por definição; então, muitas vezes estaremos lidando com coisas de certa forma inéditas, sem uma experiência prévia.

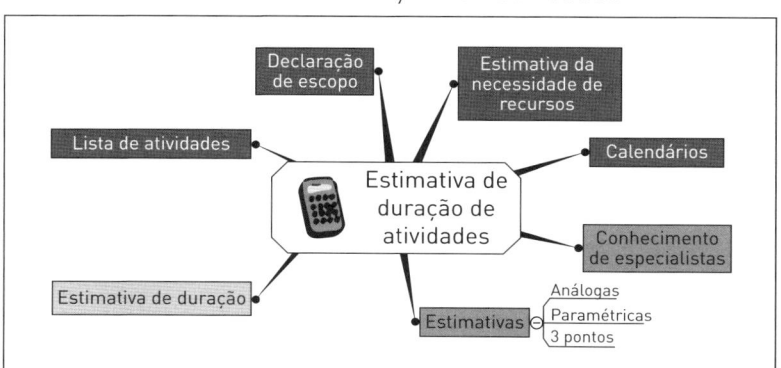

Figura 15
Estimativa de duração das atividades

- Declaração de escopo
- Estimativa da necessidade de recursos
- Lista de atividades
- Calendários
- Estimativa de duração de atividades
- Conhecimento de especialistas
- Estimativa de duração
- Estimativas
  - Análogas
  - Paramétricas
  - 3 pontos

A influência dos recursos

Existe uma íntima relação entre os recursos e a duração das atividades. A estimativa de recursos das atividades é a determinação dos recursos que serão utilizados, assim como a quantidade e quando cada um estará disponível para realizar todo o conjunto de atividades do projeto. Esta é, possivelmente, a informação mais importante para a estimativa da duração das atividades.

Precisamos definir o que é considerado recurso. É tudo que serve para a execução das atividades ou que é consumido por elas. Os recursos que executam as atividades são chamados de recursos de trabalho, cujo desempenho (ou produtividade) determina a duração das atividades e, consequentemente, do projeto. Os recursos que são consumidos pelas atividades, como os materiais, não determinam ou influenciam diretamente o andamento das atividades, mas são consumidos pela sua execução. Somente se apresentados em quantidade suficiente, a atividade poderá ser concluída. Assim, os recursos se enquadram em três grandes grupos: recursos humanos, equipamentos e materiais.

Pessoas e equipamentos são recursos de trabalho, influenciando na duração das atividades, e os recursos materiais consumidos no processo. Dos tipos de recursos, os humanos apresentam papel de destaque no gerenciamento de projetos, sendo normalmente responsáveis pelos impactos positivos e negativos nos projetos em termos de prazo, custo, qualidade e demais fatores.

A relação entre recursos, trabalho (esforço) e a duração das atividades

Tendo a definição de atividades como as ações necessárias para cumprir cada uma das entregas prevista na EAP, é preciso estimar os recursos necessários para entrega de cada pacote de trabalho esperado. Daí surge o conceito de trabalho como o esforço para que cada recurso (de trabalho) cumpra seu papel na atividade, o que é diferente da duração da atividade. Enquanto o trabalho normalmente é medido em horas, ou homens/hora, a duração é medida em dias ou horas úteis:

> Duração da atividade * número de recursos = trabalho
> Exemplo: 2 dias (16 horas) * 2 recursos = 32 horas de trabalho

Podemos estimar o esforço necessário para o cumprimento de uma atividade por meio do trabalho ou da duração. Assim, digamos que uma atividade tenha 32 horas de trabalho; a partir da quantidade de recursos e de sua produtividade, podemos determinar a duração. Ou, então, estimar a duração da atividade determinando o trabalho necessário, também com base na quantidade de recursos e sua produtividade, conforme a figura 16. Cabe ao gerente do projeto definir por meio de qual variável estimar a atividade, e a decisão depende da informação disponível, que varia muito em função da natureza técnica da atividade, histórico e experiência da empresa.

Figura 16
Estimativa da duração conforme o trabalho
e os recursos necessários

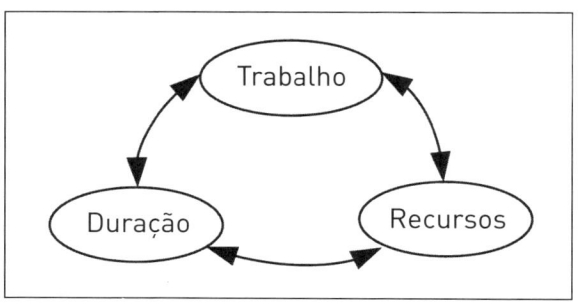

```
        Trabalho
       ↙      ↘
   Duração ⇌ Recursos
```

Há também o caso no qual uma métrica possibilita maior precisão na estimativa dos recursos e durações de atividades. Quando há possibilidade de se quantificar o produto resultante da atividade, podemos fazer o cálculo da quantidade de recursos necessários para se cumprir a atividade com uma duração preestabelecida, usando um determinado índice de produtividade. Essa é a forma mais precisa de estimativa de recursos e duração, quando temos produtos quantificáveis e índices históricos de produtividade. Assim, chegamos, matematicamente, à relação entre duração, trabalho e quantidade de recursos:

$$Duração = \frac{Produtividade \times Trabalho}{Número\ de\ recursos}$$

É importante salientar que cada atividade possui uma relação particular entre os fatores duração e número de recursos, que é determinada pela produtividade.

Duração, esforço e tempo decorrido

Antes de propor uma prática que permita estimar a duração das atividades com maior precisão, é importante entender os conceitos de duração, esforço e tempo decorrido. É comum respondermos perguntas do tipo: "Quando você irá terminar a atividade?" ou "Quantas horas serão necessárias para pintar esta sala?". As respostas para as perguntas serão diferentes, apesar de, muitas vezes, o conceito ser tratado da mesma forma. Para exemplificar, vamos considerar um projeto com cinco atividades (A, B, C, D, E) no qual serão alocados três recursos diferentes (1, 2, 3).

No cronograma (figura 17), além do nome da atividade, são mostradas quatro colunas contendo a duração da atividade, o esforço necessário, datas de início e de término.

Figura 17
Exemplo de cronograma com uso do MS Project©

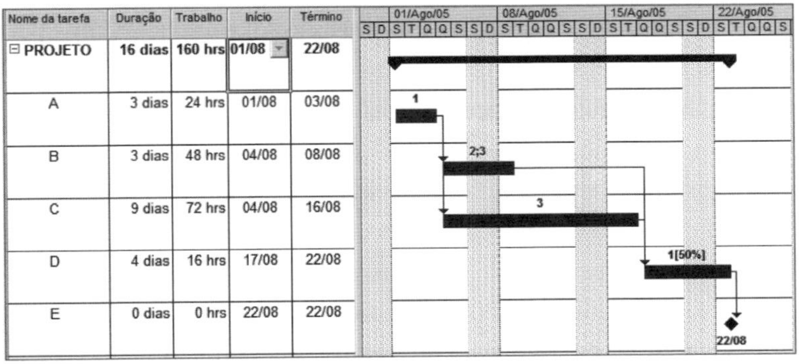

Nome da tarefa	Duração	Trabalho	Início	Término
☐ PROJETO	16 dias	160 hrs	01/08	22/08
A	3 dias	24 hrs	01/08	03/08
B	3 dias	48 hrs	04/08	08/08
C	9 dias	72 hrs	04/08	16/08
D	4 dias	16 hrs	17/08	22/08
E	0 dias	0 hrs	22/08	22/08

Observe que a coluna duração do projeto apresenta o valor de 16 dias (duração total), que não corresponde ao tempo total (*elapsed*) de 22 dias, pois o projeto começa no dia 1/8 e termina em 22/8.

Então, a palavra duração tem uma conotação diferente da que adotamos em nosso dia a dia. O glossário do PMBOK (PMI,

2017a:707) define duração como: "O número total de períodos de trabalho necessário para finalizar uma atividade ou um componente da estrutura analítica do projeto, expresso em horas, dias ou semanas".

Concluímos que a duração de um projeto considera apenas os períodos (dias ou horas) efetivamente trabalhados, não incluindo os períodos de descanso (dias/horas não úteis) ou interrompidos. A duração está relacionada à estimativa de tempo e não de esforço. Obviamente, ambas estão relacionadas.

A diferença entre a data de início e a final de uma atividade é definida como tempo decorrido (*elapsed time*). No exemplo anterior, o tempo decorrido é de 22 dias. Por vezes, a palavra duração é adotada incorretamente, representando o conceito de tempo decorrido.

O esforço (*effort*) necessário, também conhecido como empenho, apresentado na coluna "trabalho" da figura 17, representa a quantidade de períodos (em geral representado em horas) necessários para completar a atividade. Normalmente, esse valor é considerado para a estimativa de custos do projeto, pois muitas vezes pagamos pela quantidade de horas trabalhadas e não por sua duração. O Microsoft Project©, por exemplo, faz o orçamento do projeto tomando por base a quantidade de trabalho.

No exemplo apresentado, a atividade A requer 24 horas de trabalho do recurso alocado a ela, no caso recurso 1. A duração é de três dias, pois o período de trabalho corresponde a oito horas/dia e o recurso está dedicado 100% do tempo à atividade. Teremos então 24/8 = 3 dias de trabalho, com um tempo decorrido de 3 dias (1/8 até 3/8). A atividade B, por sua vez, apesar de ter a mesma duração não tem o mesmo tempo decorrido; ela inicia no dia 4 e termina no dia 8.

A atividade B tem um esforço de trabalho diferente daquele da atividade A, apesar de ter a mesma duração. O esforço representa a quantidade de períodos necessários para a execução do trabalho. No caso dessa atividade, são necessárias 48 horas de trabalho, que estão divididas entre os recursos alocados a ela (2 e 3). Partindo da premissa de que cada pessoa tem a mesma produtividade, a duração total será de 24 horas. Mas será que essa distribuição de esforço se aplica a qualquer atividade? Sua redução seria proporcional? A resposta para ambas as perguntas é não. Existem atividades que, até certo limite, podem ter diversos recursos compartilhando o esforço total. A questão é: será que poderíamos ter 48 pessoas trabalhando na atividade B, para fazê-la em uma hora? Isso dependerá da natureza da atividade e dos demais recursos envolvidos. As 48 pessoas poderiam atrapalhar umas às outras, de maneira que a atividade correria o risco de não ser concluída, como vimos enquanto explicávamos a estimativa de recursos para cada atividade.

Certamente, a duração de uma atividade é influenciada pela quantidade de recursos programados para trabalhar nela. É influenciada e não determinada, porque não existe necessariamente uma relação direta entre a quantidade de recursos atribuídos a uma atividade e sua duração. Essa relação não é linear, conforme explicado. Alguns softwares consideram que a simples adição de um novo recurso irá reduzir pela metade a duração da atividade. Tenha cautela quando utilizar essa funcionalidade em alguns programas.

É importante voltar à perspectiva da estimativa de duração, porque é comum adotarmos a estratégia de colocar mais recursos ou aumentar o número de horas trabalhadas (exemplo: horas extras) para adiantar o cronograma de um projeto. O ato de adicionar mais recursos para reduzir a duração de uma atividade dentro de limites aceitáveis de planejamento é chamado de compressão de atividade (*crashing*).

As atividades que permitem a distribuição do seu esforço (e consequentemente têm sua duração influenciada) são chamadas de atividades orientadas ao esforço ou ao empenho. No Microsoft Project©, isso pode ser definido a partir do quadro "Informações da tarefa" mostrado na figura 18.

Figura 18
Quadro de informações da tarefa MS Project©

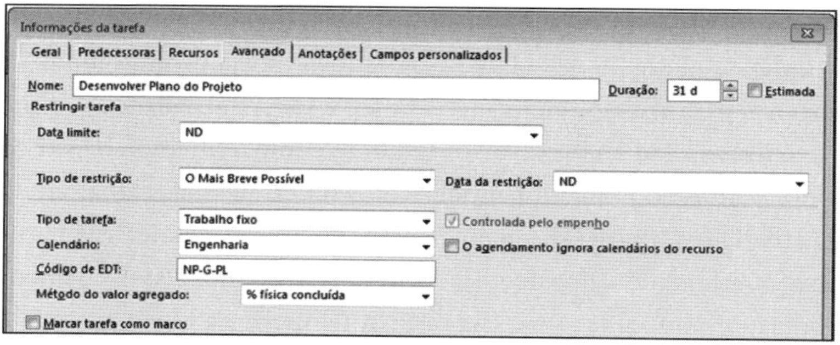

As atividades controladas pelo empenho também têm seu limite de aplicação de recursos. Em custos, é comum citarmos a lei dos retornos decrescentes (*law of diminish returns*) que advoga que, a partir de um determinado ponto, a aplicação de mais recursos irá atuar de forma inversa, ou seja, ao invés de reduzir o tempo, será justamente o contrário: irá aumentar. Quando se trata de duração, o ponto em que isso ocorre é chamado de *crash point*.

Nem todas as atividades sofrerão uma redução em função da adição de novos recursos. Um exemplo típico e muito citado é a situação na qual "nove mulheres grávidas não farão um bebê em um mês". Nesse caso, se aplicarmos mais recursos não haverá ganho real de tempo e o esforço total será ampliado, ocasionando, na maioria das vezes, aumento no custo.

Outro exemplo é quando um recurso não pode dedicar 100% de atenção à atividade, como o caso da atividade D. Esta tem um esforço de 16 horas, mas o recurso alocado (1) só dispõe de 50% do tempo (um período do dia – manhã ou tarde). Nesse caso, a duração será de quatro dias.

Existe uma piada no meio do gerenciamento de projetos que fala: "os primeiros 90% do cronograma do projeto levam 90% do tempo. Os últimos 10% levarão outros 90% do tempo". Por que isso? Muito se deve à falta de planejamento adequado em relação ao que deve ser feito (definição clara das necessidades e identificação do escopo) ou também em função de estimativas inadequadas, sem a devida fundamentação técnica, "o trabalho irá durar cinco dias, pois o chefe assim o quer".

Sabemos que o mercado é implacável em relação a prazos. O chamado *time-to-market* é um fator crítico para o sucesso de qualquer empreendimento, mas não podemos confundir restrições de tempo, isto é, marcos de projeto ou necessidades de datas de clientes, com estimativas de duração da atividade, ou seja, análise matemática da estimativa.

Adotar práticas confiáveis e seguras de estimativa faz com que possamos conferir certo grau de confiança ao empreendimento ao mesmo tempo que facilitamos o processo de tomada de decisão gerencial no que tange à decisão de prosseguir ou não, caso a estimativa seja condizente com a exigência do mercado. Não devemos esquecer que projetos existem para dar lucro e não como experimentos que fazem uso do dinheiro do patrocinador. Por isso, é importante definir o que esperar do resultado de uma estimativa, conforme veremos a seguir.

O que esperar como resultado de uma estimativa

O processo de estimar a duração das atividades, de acordo com o PMBOK (PMI, 2017a:195), envolve aquilatar "o número de períodos de trabalho que serão necessários para terminar as atividades individuais com os recursos estimados". Observe que aqui não desejamos saber quanto tempo irá durar o projeto ou cada uma das fases, mas sim fazer uma estimativa de cada atividade de forma independente.

A estimativa da duração total requer a identificação dos diferentes caminhos das atividades representados no diagrama de rede.

É importante destacar que a duração total de um projeto, diferentemente do esforço total ou do custo total, não é simplesmente a soma de suas durações, mas sim qual será a duração de seu maior caminho. Esse resultado será obtido no processo de elaboração do cronograma apresentado mais à frente, neste livro.

Outros resultados da estimativa de duração são eventuais atualizações nos atributos utilizados pelo processo de definição das atividades e solicitações de mudanças, visando adequar os objetivos do projeto. Por exemplo: para atender a uma determinada estimativa, é necessário que façamos uma alteração no escopo do produto, resultando em um produto com funcionalidade reduzida.

Assim como a EAP e a lista de atividades, quem deverá preparar as estimativas são as pessoas que executam as atividades. Não existe coisa que mais desagrade um profissional do que dizer a ele quanto tempo dura uma atividade que ele deverá executar. Quem sabe o tempo é quem faz.

É de responsabilidade do gerente do projeto informar às pessoas quais são as restrições de tempo que o projeto ou as fases do projeto terão. Os profissionais especializados deverão adequar as atividades ao tempo, buscando alternativas na forma de condução delas. Existem diversas considerações que poderiam ser feitas nesse sentido: fazer atividades em paralelo, exigir profissionais com maior grau de especialização, definir premissas etc. Um exemplo é: "um pintor poderá pintar a sala de sua casa em oito horas desde que alguém fique responsável pela colocação da proteção necessária nos móveis e pela retirada de partes do mobiliário". Esses aspectos são normalmente chamados de atributos da atividade, que sofrem atualizações em função das estimativas e de eventuais premissas assumidas.

Mesmo com todos os cuidados explicitados, ainda verificamos variações nas estimativas planejadas. As razões por trás disso são abordadas a seguir.

Por que as estimativas variam tanto

Durante a execução do projeto, observamos que existe uma variação entre o planejado e o efetivamente implementado. A razão por trás desse fenômeno é que a duração de uma atividade é uma variável randômica, principalmente no contexto dos projetos. Isso acontece porque desconhecemos quais fatores influenciarão a duração; então não é possível saber exatamente quanto tempo será consumido.

Alguns autores atribuem a culpa ao famoso personagem Murphy, que entra no projeto para atrapalhar e complicar. Esta questão específica relativa à incerteza é abordada neste livro com maior detalhamento no capítulo relativo à corrente crítica, incluindo as chamadas margens de tempo utilizadas para compensação de estimativas.

O ponto é que, certamente, a variação está associada ao grau de precisão da estimativa da duração. Um dos objetivos do processo de estimativa é justamente definir a "granularidade", ou seja, o nível de precisão da estimativa. O ideal é que as estimativas tenham a menor variância, mas isso nem sempre será possível.

Por essa razão, é importante adotar a prática de documentar, geralmente no atributo da atividade, qual foi o grau de precisão de sua estimativa e, principalmente, a partir de quais informações esta foi atribuída. Por exemplo: "de acordo com dados de uma determinada revista, o tempo médio para escavar 100 m^3 em determinado tipo de terreno é de seis horas de trabalho com uma variância de −5% a +10%".

As durações variam por conta de vários motivos. A seguir são destacados os mais significativos:

- variação do nível de conhecimento do profissional – no processo de estimar a duração, tomamos como base a alocação de pessoas de nível médio de conhecimento, por exemplo,

um analista pleno. No momento da execução, a realidade é outra, e a atividade acaba sendo delegada a um analista júnior;
- interrupções no expediente – cada vez que uma pessoa é interrompida, ela acaba demorando mais tempo para atingir o nível de produtividade alcançado antes da interrupção. Você não pode controlar totalmente as interrupções, mas sabe que elas existirão de alguma forma; logo, isso deve ser considerado na hora de fazer as estimativas. Ninguém fica 100% do tempo dedicado;
- eventos inesperados – como citado, Murphy estará sempre presente em seus projetos, e irá se manifestar na medida do possível. Pode ser em função de atos da natureza, atrasos nos fornecedores, envio incorreto de materiais, profissionais que por algum problema não aparecem para trabalhar no dia seguinte etc. É prudente sempre considerar a participação do Murphy em algumas de suas atividades. Uma dica: considere sempre os riscos identificados no projeto com partes de sua estimativa;
- erros e mal-entendidos – apesar de todo o esforço para ser claro e objetivo em relação aos objetivos e ao trabalho que deve ser realizado, algumas vezes, inevitavelmente, falhamos, provocando retrabalhos ou descarte de atividades;
- variações de causa comum – além de todos esses fatores que podem influenciar a duração das atividades, a realidade é que durações variam sem nenhuma razão aparente a não ser uma variação estatística que surge porque a duração é de fato uma variável aleatória, sujeita à variação natural, e nada poderá ser feito para diminuí-la. Ela está lá e deve ser aceita. É importante lembrar que "estimativa é estimativa".

Como preparar uma lista de atividades com estimativas

Como toda receita, que precisa de ingredientes, cada processo necessita de elementos para sua elaboração. Além da lista das atividades e seus atributos, sugerimos alguns "ingredientes" para que as atividades tenham uma boa estimativa:

- conhecer o passado – saber como atividades iguais ou similares foram feitas no passado e que tipo de desafio foi enfrentado auxilia em muito o processo de estimar sem "chutar". Muitas organizações dispõem hoje de bases de dados de conhecimento, nas quais as experiências da organização e de empresas similares são mantidas. Para determinados tipos de projeto, é possível obter bancos de dados comerciais nos quais estão disponíveis estimativas para a conclusão das atividades. Geralmente, esses bancos de dados não se limitam a informações de duração ou esforço; incluem dados sobre tipos de recursos, sequenciamento sugerido, EAP etc. Alguns já incluem modelos de cronogramas para os principais aplicativos do mercado, conforme mencionado;
- conhecer o ambiente do projeto – identificar fatores ambientais e culturais que regulam a organização, a burocracia, assim como políticas organizacionais, como a quantidade máxima de horas trabalhadas por período, o uso de recursos de outras localidades, folgas e intervalos de descanso, fusos horários (imagine um projeto envolvendo equipes no Japão e no Brasil), até problemas de tráfego, aeroportos, localidades remotas etc.;
- conhecer as premissas e restrições – saber os fatores que são considerados verdadeiros e reais, como no exemplo citado, em que o cliente ficou responsável pela proteção dos móveis antes da pintura. Ou, ainda, assumir que o período de

trabalho será de oito horas por dia, cinco dias por semana. São premissas assumidas que precisam ser consideradas na estimativa de tempo. E também tudo que pode limitar ou restringir a execução da atividade, alterando o esforço ou a duração. Por exemplo, podemos considerar o uso de quatro pessoas em uma atividade, porém o local onde ela será realizada não tem espaço suficiente para que a quatro trabalhem simultaneamente. Outro fator restritivo comum é limitação de custos. Por exemplo, nessa atividade, só poderão ser gastos R$ 100,00. Esses fatores são, normalmente, documentados na declaração de escopo, mas em alguns casos são documentos independentes;

- conhecer os riscos – riscos são ameaças ou oportunidades que poderão ocorrer durante a execução da atividade. Como definido anteriormente, projetos são únicos por definição. Algumas atividades podem ter um alto grau de repetitividade, já terem sido executadas muitas vezes a ponto de podermos "fazê-las de olhos fechados". Outras, porém, são desconhecidas, não sabemos quais ameaças elas poderão sofrer, nem de quanto é a participação do Murphy como recurso. Um processo de fundamental importância nessa hora é a gerência de riscos, particularmente a identificação, qualificação, quantificação e plano de resposta a riscos. Apesar de a gerência de riscos especificamente não fazer parte do escopo deste livro, consideramos que existe uma relação muito íntima entre estimativa de tempo de atividades e a análise de riscos feita pelo gerente e sua equipe. Por isso, fizemos questão de registrar. Em geral, ações são tomadas para eliminar ou minimizar o impacto produzido pelo risco, que muitas vezes resultam em "colocar uma gordurinha" no prazo da atividade. Por exemplo, uma atividade de seu projeto é obter a aprovação das autoridades locais para instalar um luminoso na loja que sua

ESTIMANDO A DURAÇÃO DAS ATIVIDADES

empresa está construindo. Por experiência, você sabe que o processo demora duas semanas, mas acrescenta uma semana na atividade por conta da possibilidade de o departamento responsável estar sobrecarregado de trabalho;

- conhecer a disponibilidade, capacidade e características do recurso – boas práticas de recursos humanos recomendam que as organizações mantenham registros sobre cada profissional, incluindo uma descrição do cargo (*job description*), assim como registros da habilidade e nível de conhecimento e experiência em projetos anteriores, produtividade, disponibilidade e eventuais restrições. Por exemplo, uma pessoa não poder viajar, ou sua religião não permitir que ele trabalhe em determinados dias. Todas essas variáveis juntas auxiliam o processo de estimativa. Em geral, recursos mais experientes realizam certas atividades com maior rapidez ou com menor risco (menos retrabalho). Apesar de não ser ainda o momento oportuno, deve ser levado em conta se no período provável de execução da atividade a pessoa estará disponível. Tal consideração nessa parte do processo ainda não é possível de ser feita, uma vez que não estamos ainda informando com precisão a data na qual a atividade será executada. A responsabilidade disso faz parte do processo de desenvolvimento do cronograma. Ele é que consolida o diagrama de rede com as estimativas e considera todas as restrições de datas, assim como eventuais superalocações de pessoas (uma mesma pessoa pode estar designada para trabalhar em duas atividades simultâneas).

Em função de todas as considerações acima, esperamos ter passado a ideia de quão fundamental é fazer uma boa estimativa do ponto de vista do planejamento e controle do projeto. Na próxima seção, demonstraremos algumas técnicas para uma boa estimativa.

Técnicas para uma boa estimativa

Estimar durações de atividades é um desafio. Algumas vezes, o gerente e sua equipe estarão familiarizados com as atividades, podendo fornecer estimativas mais confiáveis e que a própria equipe se sinta mais confortável em cumprir. Porém, vão existir momentos em que a equipe não fará a mínima ideia de quanto tempo será necessário para executar determinada atividade ou conjunto de atividades. Independentemente dessa realidade, a equipe precisa fornecer uma estimativa.

É esperado que o gerente tenha esse tipo de controle em suas mãos antes de começar o projeto. Logo, é de vital importância que a organização e os interessados no projeto compreendam o real significado da palavra estimativa. Mas uma coisa é quase certa: à medida que o projeto avança e muitos dos resultados são entregues, a estimativa é aprimorada. Veremos, a seguir, quais as principais técnicas aplicadas para obtenção de boas estimativas:

- utilizar os dados históricos e documentar seu registro – uma metodologia de gerenciamento de projetos deve conter um sistema para armazenar os principais eventos do projeto, algo similar a um "diário de bordo", registrando as estimativas, premissas, restrições, perfil dos recursos e o valor do *crash point*, ou seja, o ponto em que a estimativa de uma atividade foi ultrapassada. Enfim, os dados que foram considerados para definir o valor estimado de cada atividade. Algumas organizações dispõem de sofisticados bancos de dados ou mesmo as chamadas bases de conhecimento. Em outras, podemos contar apenas com a pasta do projeto. Uma maneira fácil de criar esses registros é utilizar os campos personalizados do Microsoft Project©, conforme a figura 19. O programa dispõe de 70 colunas personalizadas para textos, números e campos lógicos do tipo sim/não. Em outras palavras, existe espaço suficiente para documentação de estimativas;

Figura 19
Documentação de estimativas usando o MS-Project©

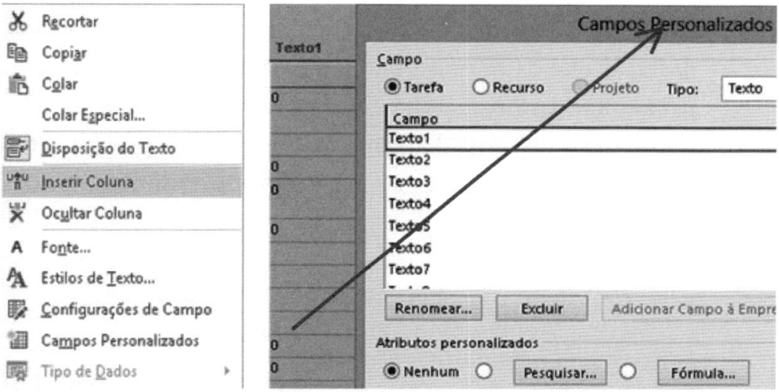

Duração	Trabalho	Início	Término	Premissas	Considerações
3 dias	48 h	4/8	8/8	Cliente irá proteger os móveis e fazer a faxina final removendo o entulho.	A estimativa foi feita com base no uso de dois pintores com experiência em paredes rugosas.

- opinião do especialista – uma ferramenta essencial no processo é buscar, com quem irá realizar o trabalho, os valores prováveis de duração da atividade. Conforme citado, "quem deve fazer a estimativa é quem faz o trabalho". Portanto, a opinião do especialista, ou melhor, dos especialistas, tem forte contribuição nesse processo;
- aplicar a técnica Delphi – um dos métodos mais populares é frequentemente feito em grupos de cinco a 10 participantes que, por algum motivo, não podem se reunir para discutir o assunto. Nela, o moderador comunica um problema, por exemplo, quanto tempo é necessário para pintar uma parede rugosa. Cada especialista envia ao moderador seu palpite com relação à duração da atividade. O moderador,

de posse de todas as informações, solicita aos especialistas que forneceram as estimativas extremas (maior/menor) a defesa dos valores. Se for o caso, esses dados são removidos. As informações, ajustadas e justificadas, são enviadas aos participantes. Estes fazem uma nova rodada, tomando agora como base a opinião dos demais colegas. É importante destacar que os valores geralmente são mantidos anônimos para evitar distorção. Alguém poderá inferir valores porque foram ditos por uma determinada pessoa. Em geral, são feitas três rodadas, e todas são registradas em um histograma, como na figura 20;

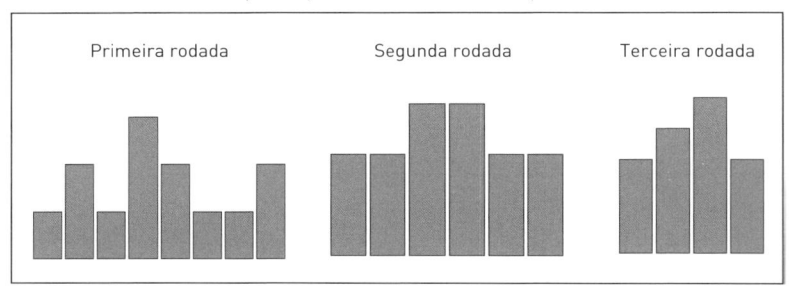

Figura 20
Aplicação da técnica Delphi

- aplicar estimativas de três pontos – uma boa estimativa depende essencialmente de sua precisão. Certas atividades, porém, podem apresentar situações ou cenários diferenciados em decorrência de muitas variáveis incertas. Nesse caso, a estimativa pode ser feita tendo como base três cenários distintos: um otimista (melhor caso), no qual são considerados apenas eventos de oportunidade; o pessimista (pior caso), quando são considerados apenas eventos de ameaça; e o mais provável, que considera um pouco de cada, tanto oportunidades quanto ameaças. O estimador atribui a cada um dos cenários um valor estimado, usando a fórmula a seguir para calcular o tempo esperado. O tempo esperado (t_e) será a média ponderada dos três valores, considerando os seguintes pesos – cenário otimista e pessimista com peso igual a 1 e o cenário mais provável com peso igual a 4.

$$T_e = \frac{Otimista + Pessimista + (Mais\ provável \times 4)}{6}$$

Anteriormente, esse tipo de estimativa era conhecido como PERT. Seguindo uma tendência de muitos autores, o próprio PMI® substituiu essa nomenclatura para estimativa dos três pontos;
- aplicar estimativas paramétricas – esse tipo de estimativa é conhecido como estimativa quantitativa, pois tem como base a aplicação de parâmetros quantitativos por meio de fórmulas ou modelos matemáticos para prever quanto tempo uma atividade levará, com base nas "quantidades" de trabalho a serem completadas. Por exemplo, em uma instalação de infraestrutura de rede de televisão a cabo, a estimativa de tempo da atividade é uma função da quantidade de pontos a serem instalados, não sendo consideradas em particular as dificuldades técnicas de cada ponto, mas sim seu total. Outro exemplo em um projeto de um evento é o tempo para servir um jantar, que será em função da quantidade de participantes;
- inferir baseado na similaridade com outras atividades – algumas atividades são similares a outras, encontradas em outros projetos. É a chamada estimativa análoga. Na maioria dos casos, essas estimativas são confiáveis na obtenção de resultados, principalmente quando as atividades são bastante semelhantes;
- considerar o uso de reservas ("gorduras") – os recursos, quando fazem a estimativa, podem considerar um tempo

extra para cobrir eventualidades ou as contingências do projeto. Essas podem ser valores percentuais ou fixos, que geralmente são oriundos de uma análise dos riscos. Por exemplo, se o grau de incerteza de uma atividade for alto, é aplicado um percentual correspondente a 20% do tempo total. É importante que o valor de reserva esteja documentado com a estimativa. Como mostrado, isso pode ser feito em softwares de planejamento como o MS-Project©, por meio de uma coluna personalizada com valores preestabelecidos (alto, médio e baixo), conforme a figura 21.

Figura 21
Documentando o grau de risco

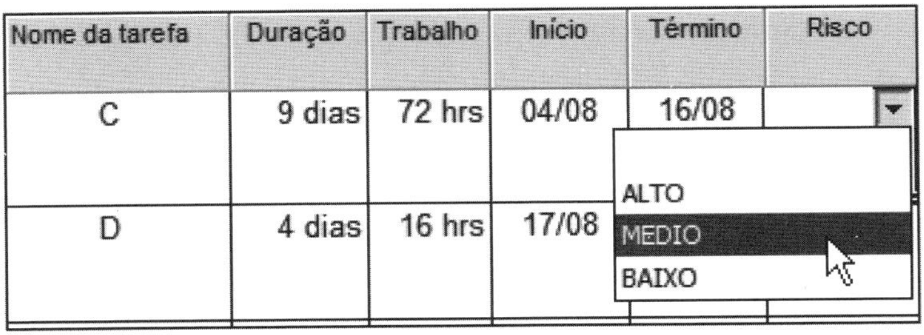

Nome da tarefa	Duração	Trabalho	Início	Término	Risco
C	9 dias	72 hrs	04/08	16/08	
D	4 dias	16 hrs	17/08	ALTO / MEDIO / BAIXO	

* * *

Neste capítulo, vimos técnicas e alguns artifícios utilizados para estimarmos a duração de cada atividade envolvida em um projeto. Como foi observado, não são tão simples essas estimativas, em função de uma série de variáveis internas e externas ao projeto. Muitas vezes, também não são tão precisas quanto gostaríamos, mas, sem dúvida, trata-se de um processo fundamental para geração do cronograma, como veremos no próximo capítulo.

4
O cronograma do projeto

Quando a sequência das atividades com sua estimativa provável de duração e os recursos utilizados estão definidos, é hora de juntar as partes e elaborar a programação do projeto, mais conhecida como "cronograma do projeto", objetivo principal deste capítulo.

Desenvolvimento do cronograma

Conforme mencionado na introdução deste livro, para muitas pessoas, gerenciamento de projetos é sinônimo de elaboração de cronograma. Apesar de ele ser a "cara do projeto", gostaríamos de ressaltar mais uma vez que gerenciar projetos é muito mais do que isso. É fato que o preparo do cronograma proporciona a base para muitas das funções importantes que são partes do processo de gerenciamento de projetos, mas sem uma definição clara dos objetivos e do escopo do trabalho não teríamos uma base sólida para atribuir recursos ou administrar o fluxo de caixa. Certamente, o prazo do trabalho e a gestão da data do término do empreendimento são os fatores mais críticos e observados na maioria dos projetos, conforme ilustra a figura 22.

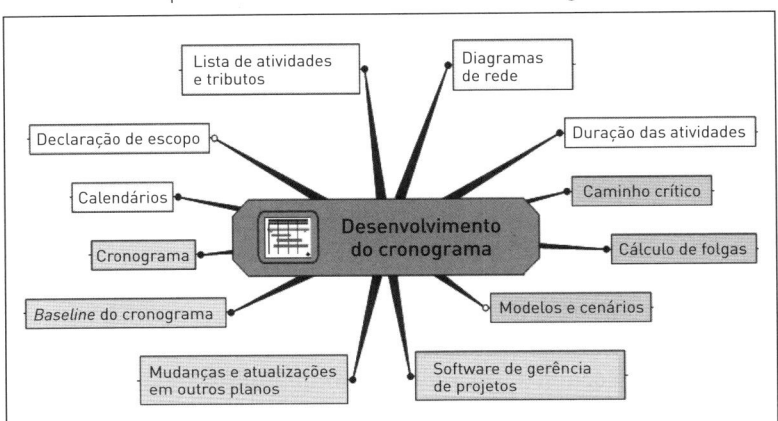

Figura 22
Mapa do desenvolvimento do cronograma

- Lista de atividades e tributos
- Diagramas de rede
- Declaração de escopo
- Duração das atividades
- Calendários
- Caminho crítico
- Cronograma
- Cálculo de folgas
- *Baseline* do cronograma
- Modelos e cenários
- Mudanças e atualizações em outros planos
- Software de gerência de projetos

Desenvolvimento do cronograma

Determinar a programação de um projeto não é uma atividade simples. Na verdade, é uma combinação de arte e ciência. A ciência está em determinar, no diagrama da rede do projeto, onde está o caminho crítico, quanto de folga existe nas atividades não críticas, na definição dos períodos de trabalho tanto do projeto quanto de cada recurso individualizado etc. No entanto, outros fatores importantes também devem ser considerados, envolvendo a questão das restrições de datas impostas (coisas do tipo: "tal atividade só poderá ser iniciada a partir da segunda quinzena de maio") e também o nivelamento (ajuste) dos recursos utilizados no projeto.

A questão relativa à arte é garantir, com toda a incerteza inerente a projetos, que o cronograma seja exequível. Embora tenhamos diversas técnicas para construí-lo, o desafio é buscar um jeito de executar as diferentes atividades de uma forma paralela, otimizando os recursos existentes para que, então, seja possível completar o projeto no menor prazo. Reconhecidamente, conceituar nesse caso é bem mais fácil do que fazer de fato. Para a maioria dos gerentes de projeto, o esforço maior está na arte e não na ciência, pois o resultado só será bom se, no momento exato da atribuição de recursos às atividades, tudo estiver sincronizado. Como costumamos dizer, é necessário muito "jogo de cintura" para fazer com que os recursos e atividades estejam ajustados.

Um erro muito comum é relativo à percepção de que os recursos estarão sempre disponíveis para o projeto. Além de as pessoas terem outros compromissos, é pouco provável que alguém trabalhe direto 100% do tempo. Em média, trabalha na ordem de 60% a 75%, mas isso depende da área de especialização. As pessoas interrompem o trabalho. Elas precisam atender telefonemas, conversar com os demais colegas, participar de reuniões; precisam de energia (água, açúcar e cafeína), se cansam, produzindo os resultados de forma mais lenta, e tantas outras coisas. E isso sem contar com a espera por outros recursos para a realização das atividades. Portanto, sem cair em um falso sentimento de que o cronograma é tudo em um projeto, devemos reconhecer que ele, de fato, é um importante componente do processo de gerenciamento. Bem elaborado, responderá com firmeza às questões: quando o projeto estará finalizado, em que momentos os recursos serão aplicados às atividades e quando os resultados intermediários serão entregues aos interessados.

Anteriormente, foi dito que, partindo da necessidade dos *stakeholders*, um determinado produto ou serviço será elaborado. O escopo do projeto é definido, uma EAP é preparada e os pacotes de trabalho são identificados. A partir deles, as tarefas são relacionadas, sequenciadas e estimadas quanto à duração, considerando os recursos necessários e disponíveis. O resultado de todo esse processo é determinar o prazo final do projeto. A meta é procurar fazer com que as atividades sejam, na medida do possível, executadas em paralelo para agilizar a entrega do produto e também para fazer uso dos recursos de forma planejada, minimizando problemas de alocação.

A integração da estimativa de duração da atividade, sua sequência de execução e que recursos serão utilizados não faz com que tenhamos um cronograma. Vários fatores devem ser considerados, por exemplo, a disponibilidade dos recursos no momento necessário. Como discutido no capítulo anterior, as pessoas têm uma disponibilidade que certamente não será 100% do tempo. Elas tiram férias, são treinadas e trabalham em outras iniciativas, além do que nem todos os dias são de trabalho; existem os feriados, folgas e finais de semana. O conjunto dessas informações compõe o calendário. Além do calendário geral do projeto, cada recurso, humano ou material, tem seu próprio calendário particular.

Ao incluir os calendários, é muito provável que ajustes devam ser feitos para que seja possível enquadrar todos os recursos e atividades dentro do cenário do projeto. Muitas vezes, a sequência das atividades terá de ser alterada, novas estimativas terão de ser avaliadas e, eventualmente, até um recurso poderá ter de ser incluído ou substituído. Um efeito comum, resultado desse ajuste de períodos de atividade e também de recursos, são as chamadas alocações simultâneas, oriundas da sobreposição de atividades usando o mesmo recurso. A solução para esse problema é chamada de "nivelamento de recursos", conforme será visto mais à frente. Além disso, existem outros detalhes que precisam ser considerados. Por exemplo: um profissional é comunicado que a atividade "X" precisa estar concluída até o final do mês de julho, independentemente de quando se inicia ou, em outras situações, a atividade "X" só poderá ser iniciada a partir de um determinado dia, independentemente de quando o projeto tenha sido iniciado. Tais situações são chamadas de "restrições de datas".

Existem diversos tipos de restrições que serão posteriormente apresentados. Mesmo depois de todas as adequações, o cronograma ainda não estará pronto. Estaria se, por exemplo, os *stakeholders* não tivessem levantado a questão de que "o carro alegórico para o desfile na Sapucaí só ficará pronto na Páscoa". Como já falamos, a arte faz parte do planejamento. O projeto precisa ser exequível. Afinal de contas, o resultado é para o carnaval, e não para 40 dias depois, na Páscoa.

A resposta para sair dessa situação é simples e óbvia: o cronograma precisa ser encurtado. Mas como reduzi-lo? Ou, adotando a palavra mais correta, comprimi-lo? A questão é tão recorrente que chega a ser traduzida por meio de um chiste muito popular no meio de gerenciamento de projetos relativo à confusão feita entre técnicas de compressão de cronograma e o fato de trabalhar "com pressão" no cronograma do projeto.

Existem diversas técnicas para fazer a compressão do cronograma. Primeiramente, reavaliar as estimativas, alterar algumas relações de dependência, buscando paralelizar total ou parcialmente atividades sequenciais. Mas isso não pode ser feito em qualquer atividade. Adicionalmente, é comum que, quando se busca o paralelismo em atividades que originalmente foram programadas em sequência, se aumente o risco do projeto. De qualquer forma, o primeiro passo para buscar uma redução na duração é determinar quais são as atividades decisivas para a duração total do projeto. O conjunto ou caminho das atividades que têm uma influência direta na duração do projeto é conhecido como caminho crítico. A seguir serão detalhadas as diferentes etapas necessárias para elaborar um cronograma realista e que seja, ao mesmo tempo, exequível.

Montando o cronograma do projeto

O desenvolvimento do cronograma deve ser feito iterativamente, ou seja, ser elaborado de forma progressiva e repetida até o momento em que seus resultados sejam confiáveis e possam atender aos objetivos do projeto. O resultado principal desse processo é determinar as datas de início e término planejadas para as atividades do projeto.

Um fator importante que deve ser considerado na elaboração do cronograma é uma reavaliação das estimativas de duração das atividades e da quantidade de recursos, de maneira a criar um cronograma do projeto que possa ser aprovado e atenda aos objetivos dos interessados. O cronograma será a linha de base (*baseline*) de prazo utilizada para acompanhar o progresso do projeto no decorrer de sua execução. O processo deve ser contínuo ao longo do projeto e, portanto, não se conclui. O gerente de projeto deve estar sempre atento, pois cada evento inesperado que ocorrer deverá gerar revisões no planejamento.

O primeiro ingrediente recomendado para a elaboração de um cronograma é a lista das atividades com sua estimativa provável de duração e o sequenciamento representado no diagrama de rede. Outras considerações incluem: quais recursos serão utilizados, sua disponibilidade (calendários) e experiências vivenciadas em projetos similares, além do entendimento claro dos objetivos do projeto, as premissas e restrições que foram consideradas quando do estabelecimento de estimativas, relações de dependências e atribuição de recursos.

Geralmente, as metodologias de projeto documentam esses elementos na declaração de escopo, que é elaborada durante a fase de concepção do projeto e aprimorada ao longo do planejamento. Outros aspectos que são avaliados tratam dos registros dos riscos e dos diferentes planos de gerenciamento (escopo, custos, tempo, riscos) documentados no plano de gerenciamento do projeto, pois eles podem afetar diretamente o cronograma.

Uma das questões muitas vezes ignorada na elaboração do cronograma é relativa àquelas datas que estão "amarradas" a determinadas situações. Inicialmente, podemos considerar o cronograma de um projeto um conjunto de atividades conectadas entre si, formando uma rede. Essas atividades compõem uma cadeia que depende da data de início do projeto. Fazendo uma analogia como na figura 23, imagine um conjunto de boias amarradas entre si e flutuando em uma lagoa. A boia 1 está ancorada em uma determinada posição no fundo de um lago, e a posição das demais boias depende da boia 1. Quando a movemos, todas as demais serão deslocadas.

Figura 23
Analogia de restrições de datas: amarração na boia 1

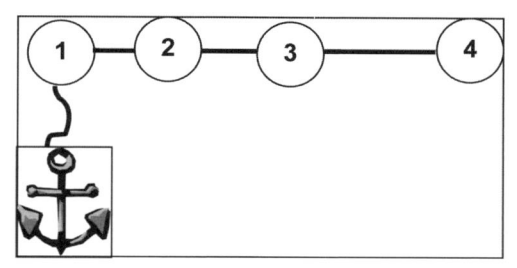

Em determinadas situações, outras boias também terão âncoras; então, mesmo que se desloque a boia 1, as demais serão movidas. Talvez algumas possam ser puxadas para um lado, mas não para o outro, ou permanecerão imóveis. Esse é o efeito das restrições de datas sobre o cronograma, conforme a figura 24. As datas poderão ser antecipadas, mas não retardadas; outras, por sua vez, poderão ser apenas postergadas.

Figura 24
Analogia de restrições de datas: amarração nas boias 1 e 3

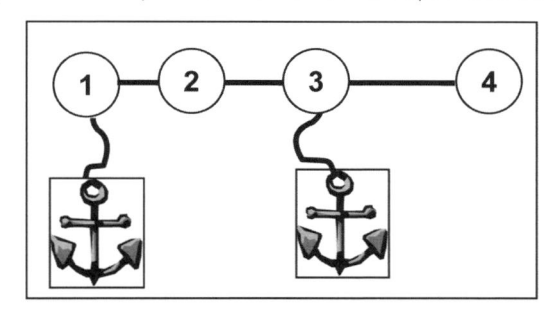

Algumas vezes teremos, na programação do projeto, atividades com datas predeterminadas como: conduzir reuniões, participar de treinamentos, entregar documentos para cumprir requisitos governamentais etc. Essas atividades estão, de certa forma, "ancoradas", com algum tipo de restrição em sua flexibilidade. Tal condição é conhecida como restrição de data (*date constraint*). As restrições controlam o início ou o final de uma atividade e o grau de quanto ela poderá ser reagendada. São classificadas em três categorias: flexíveis, semiflexíveis e inflexíveis.

Restrições flexíveis

A data de início ou de término de uma atividade poderá ser reagendada. Os tipos de restrição incluem:

- atividade que pode ser iniciada tão logo possível – a atividade se inicia assim que as atividades predecessoras tenham sido concluídas ou iniciadas;
- atividade que pode ser iniciada o mais tarde possível – nessa condição, as atividades se iniciarão o mais tarde possível, sem comprometer o prazo final do projeto. A atividade é deixada para a última hora. Por exemplo, deixar para fazer a declaração de imposto de renda na última hora, mas sem atrasar sua entrega.

Restrições semiflexíveis

Nesse tipo de restrição uma atividade tem limites para ser reagendada. Existe flexibilidade para mudar o início ou término de uma atividade ou para mais ou para menos. Os tipos de restrição incluem:

- atividades que podem ser atrasadas, mas não antecipadas – não iniciar antes de, não terminar antes de. Por exemplo, a atividade pode começar a partir do dia 12, 13 de maio etc. Mas não pode ser iniciada no dia anterior (11 de maio);

O CRONOGRAMA DO PROJETO

- atividades que podem ser antecipadas, mas não atrasadas – não iniciar depois de, ou não terminar depois de. Por exemplo, a atividade pode ser iniciada no máximo até o dia 12 de maio. Não poderá ser iniciada no dia 13 de maio.

Restrições inflexíveis

Nesse tipo de restrição, antecipações ou adiamentos não são tolerados. Ou seja, tem que começar ou terminar na data especificada. Por exemplo, a escola de samba vai desfilar naquela data, nem antes ou depois:

- a atividade deve começar em – a atividade deve se iniciar na data especificada, nem antes ou depois;
- a atividade deve terminar em – a atividade deve terminar na data especificada, nem antes ou depois.

As informações de restrições podem ser inseridas na maioria dos softwares de gerenciamento de projetos. Como exemplo, usamos o MS Project©, a partir do quadro informações sobre a atividade na aba *avançado* como o mostrado na figura 25.

Figura 25
Restrições em atividades (Ms Project ©)

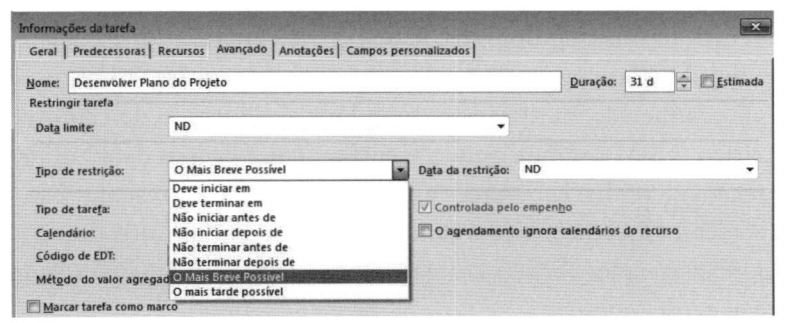

Técnicas para desenvolvimento de cronogramas

Elaborar um cronograma requer o uso de uma análise do diagrama de rede criado anteriormente no processo de sequenciamento das atividades. Essa análise faz uso de uma diversidade de técnicas analíticas que têm como objetivo principal obter as datas mais cedo e mais tarde de cada atividade, identificando as folgas e qual o conjunto ou caminho das atividades que determinam a duração total do projeto. Muitos outros autores da área destacam a importância do uso de uma ferramenta computadorizada, em virtude de o processo ser uma atividade complexa, que dificilmente poderá ser feita de forma manual. Um programa permitirá avaliar rapidamente diferentes cenários e efetuar os cálculos necessários para determinar o caminho crítico, calcular folgas e a duração total do projeto e, principalmente, permitir uma análise de cenários.

Um dos produtos mais populares do mercado é o Microsoft Project©. Evidentemente, existem outros produtos com iguais ou até mais recursos, mas sua facilidade de uso, disponibilidade em português e acessibilidade (a literatura especializada oferece cópias de avaliação por períodos de até 120 dias) tornaram-no bastante popular.

Entre as técnicas analíticas adotadas, podemos destacar algumas mais usadas: o método do caminho crítico (*critical path method*), o método da corrente crítica (*critical chain*), explicada mais à frente no último capítulo do livro, a análise de cenários "e se", ajustes e distribuição dos recursos (nivelamento de recursos). Destes, o mais conhecido e utilizado é, sem dúvida, o método do caminho crítico (CPM), popularizado e ensinado em cursos de administração, engenharia e outros afins. Mas antes de apresentar essas técnicas, alguns conceitos fundamentais devem ser introduzidos, como atividades convergentes, datas mais cedo (*early dates*) e datas mais tarde (*late dates*).

Datas mais cedo e mais tarde

Todas as atividades têm uma faixa de datas permitidas para seu início e término, sem comprometer a duração total do projeto. Esse fenômeno acontece porque os diagramas de rede são constituídos por diferentes rotas ou caminhos. Logo, algumas atividades passam a ter diversas possibilidades para serem iniciadas e terminadas.

A oportunidade mais cedo para iniciar ou terminar uma atividade é o que chamamos de data mais cedo (*early date*), e a oportunidade mais tarde é chamada de data mais tarde (*late date*). Nem sempre a data mais cedo é diferente da data mais tarde. Quando isso acontece, dizemos que a atividade é crítica. Para exemplificar, vamos adotar o diagrama de rede apresentado na figura 26.

Figura 26
Diagrama de rede

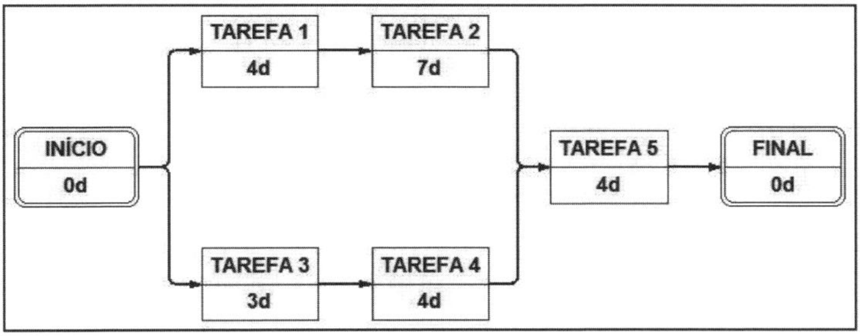

Observe que o caminho formado pelas tarefas 1 e 2 (T1-T2) pode ser concluído em 11 dias, ou seja, estaríamos na tarefa 5 no início do dia 12; já o caminho das tarefas 3 e 4 (T3-T4) se iniciado o mais cedo possível, estaria concluído no início do dia 8, mas em função da dependência do caminho T1-T2, a tarefa 5 teria de aguardar a conclusão da tarefa 2.

Por conta disso, as tarefas do caminho T3-T4 não necessitariam começar no primeiro dia. Elas poderiam começar mais tarde, sem prejuízo para a duração total do projeto. A data limite na qual uma tarefa pode iniciar ou terminar sem comprometer o término do projeto é sua data mais tarde. Esse cálculo é fundamental para podermos encontrar o chamado caminho crítico do projeto, como veremos a seguir.

O caminho crítico

Apesar da existência de outros métodos, o caminho crítico é a base para o cálculo da maioria dos cronogramas de projeto, programas de gerenciamento de projeto, metodologias etc. É um processo que determina quando o trabalho poderá ser feito, tomando como base o diagrama de rede e as estimativas de duração das atividades, incluindo aí a identificação das esperas (*lags*) e das restrições de data do projeto. O produto desse processo é a obtenção de datas especulativas de início e término (tanto mais cedo quanto mais tarde) das atividades do projeto. Para isso, são necessárias duas análises: uma para frente – feita nos caminhos de ida (do começo para o final), e outra para trás – feita no caminho de volta (do final para o começo).

O resultado do processo para frente determina as datas mais cedo (início e final) de cada atividade e são chamadas de início mais cedo (*early start date*) e término mais cedo (*early finish date*). Ao final do processo, teremos a duração total do projeto. Por sua vez, o processo de cálculo para trás identifica o par das datas mais tarde calculando a folga das atividades, que determinará o caminho crítico, conforme representado na figura 27. A diferença entre a data mais tarde e a data mais cedo é definida como folga total, conceito que será detalhado mais à frente neste mesmo capítulo.

Aquelas atividades com a menor folga (geralmente zero) formarão o caminho por meio da rede que tem menor flexibilidade. É o que chamamos de caminho crítico. A criticidade se dá em função de que, caso o caminho atrase, todo o projeto também atrasará, comprometendo resultados operacionais, entrega de um novo produto, uma pesquisa ou equivalente.

Figura 27
Processo do cálculo de datas

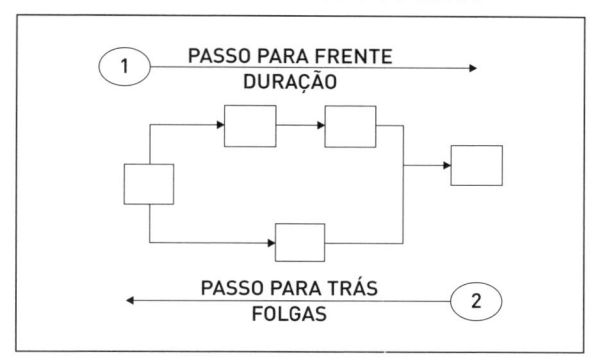

Tipos de ligações entre atividades

Em um diagrama, as conexões entre as atividades podem assumir três tipos diferentes, conforme se pode ver na figura 28.

Figura 28
Tipos de ligações entre atividades

Predecessora → sucessora	
Predecessora → sucessoras (ponto divergente)	
Predecessoras → sucessora (ponto convergente)	

Durante o processo de cálculo do caminho crítico, devemos observar um método diferente para cada tipo de ligação existente. Para demonstrar o processo, iremos representar as atividades adotando a convenção mostrada na figura 29.

Figura 29
Convenção para representação do diagrama

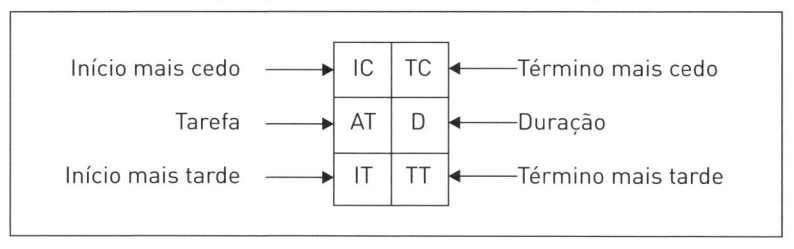

Início mais cedo →	IC	TC	← Término mais cedo
Tarefa →	AT	D	← Duração
Início mais tarde →	IT	TT	← Término mais tarde

A ideia é demonstrarmos todo o processo de cálculo passo a passo, exemplificando os três tipos de ligação citados e adotando o diagrama de rede da figura 30.

Figura 30
Exemplo de diagrama de rede para demonstração do cálculo de datas

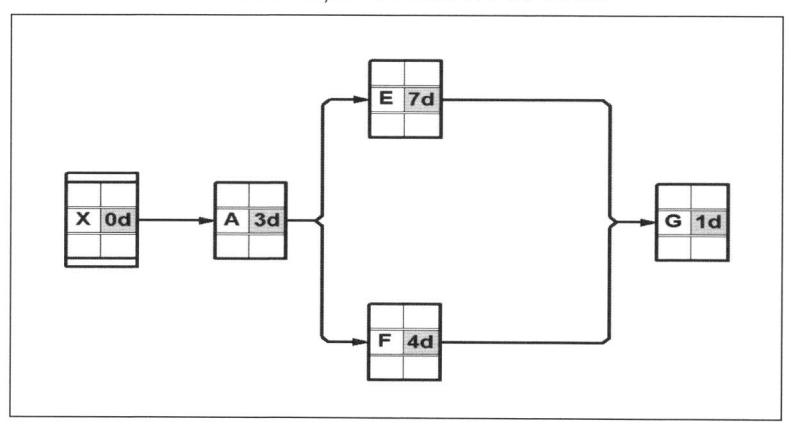

O CRONOGRAMA DO PROJETO

1º passo: calculando a duração (ida)

O primeiro passo é calcular as datas de início mais cedo. Vamos assumir que nosso projeto se inicia no dia 1 com uma atividade X do tipo marco (*milestone*), que tem sua duração igual a zero. Lembre-se de que uma atividade pode ser de dois tipos:

- uma ação realizada por recursos que tem um esforço e uma duração;
- marcos que representam etapas cumpridas que não possuem esforço ou duração associados; portanto o valor de sua duração é zero. Na figura 31 o processo é demonstrado por meio de três quadros.

Figura 31
Diagrama de rede expandido para facilitar o cálculo

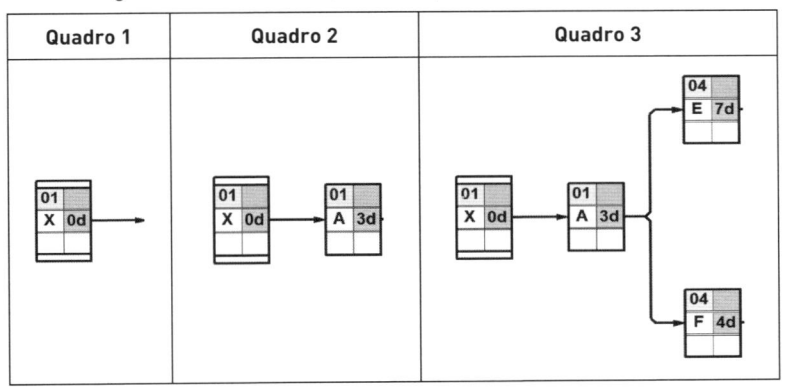

Quadro 1	Quadro 2	Quadro 3
01 X 0d	01 X 0d → 01 A 3d	01 X 0d → 01 A 3d → 04 E 7d / 04 F 4d

Devemos inserir a data de início do projeto no campo correspondente à primeira atividade (quadro 1). Lembre-se de que um diagrama de rede bem elaborado só pode ter uma única atividade de início. O quadro 2 apresenta uma conexão do tipo predecessora → sucessora.

Para calcular a data de início, a seguinte fórmula deve ser aplicada:

Início da atividade sucessora	=	Início da predecessora	+	Duração da predecessora
Início da atividade sucessora	=	Início	+	Duração
A		1		0

No espaço correspondente da atividade A, o valor obtido é escrito (veja quadro 2). A atividade seguinte, mostrada no quadro 3, tem uma ligação do tipo predecessora ® sucessoras (ponto divergente) que resulta em uma divisão de caminhos. No cálculo de ida, esse caso utiliza o mesmo mecanismo de cálculo do anterior. Temos então:

Início da atividade sucessora	=	Início	+	Duração
E		1		3
F		1		3

A figura 32 apresenta uma ligação do tipo convergente, quando duas ou mais predecessoras encontram uma sucessora. Para cada predecessor, é aplicada a fórmula anterior.

Figura 32
Diagrama com todas as datas mais cedo calculadas

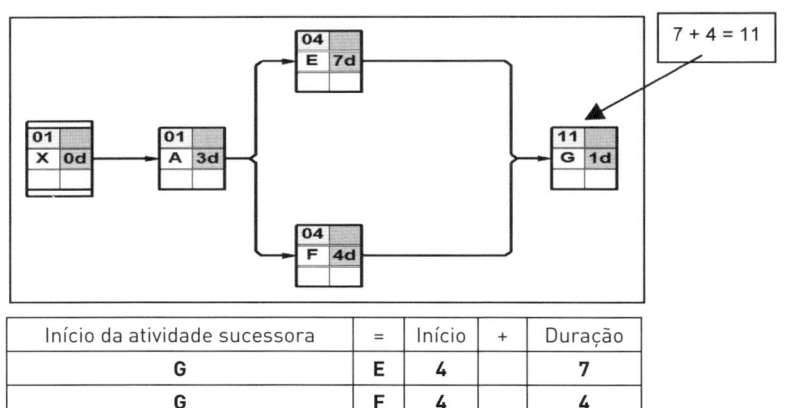

Início da atividade sucessora	=	Início	+	Duração
G		E	4	7
G		F	4	4

No caso da figura 32, a atividade G tem duas possíveis datas de início (11) ou (8). Fica a dúvida sobre qual data deve ser considerada. Nesse caso, sempre deve ser considerado o maior valor, pois a atividade G só terá início quando ambas as predecessoras estiverem concluídas – nesse caso, apenas no dia 11.

2º passo: calculando as datas de término (volta)

A data de término mais cedo pode ser calculada a partir de dois métodos. Um deles, mais antigo, que não apresenta resultados 100% corretos na visão de diversos autores, é chamado de "somar a duração", que considera que uma atividade que se inicie hoje e com a duração de um dia estará concluída no dia seguinte (DT = DI + duração). Esse caso não demonstra uma situação real. Uma atividade iniciada hoje, com um dia de duração, terminará hoje.

Outro procedimento utilizado é conhecido como método de "subtrair um", em que são adotadas duas fórmulas, uma para marco (duração = zero) e outra para atividades regulares.

Marco de projeto → término = início; atividades regulares → término = início + duração – 1

Atividade	Duração	Início	Término
A	1	1 jul.	1 jul.

Atualmente, o método 2 é o mais adotado, pois apresenta resultados realistas. Se uma atividade durar um dia, deve iniciar hoje e terminar hoje, e não no dia seguinte. Essa fórmula de cálculo é também adotada pela grande maioria dos softwares de gerenciamento de projetos. Após o cálculo das datas de término mais cedo, teremos o resultado mostrado na figura 33.

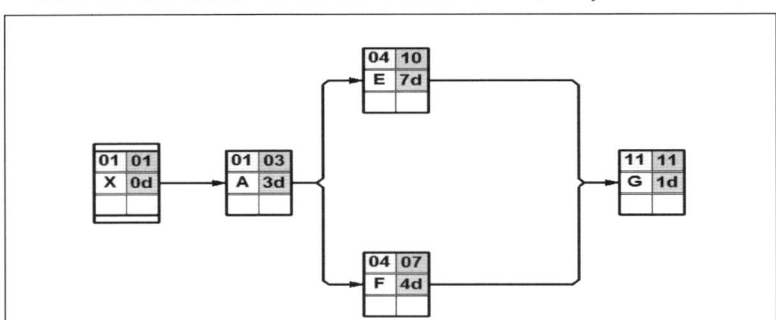

Figura 33
Cálculo das datas de término mais cedo (*early finish date*)

No exemplo, a data de conclusão será o dia 11. O próximo passo é determinar as folgas das atividades e identificar o quanto de folga terá o projeto.

Calculando as folgas do projeto

Para determinar as folgas, primeiro deve ser calculada a data de término mais tarde e, em seguida, a data de início mais tarde. Vejamos o passo a passo:

- Na atividade G (última atividade), transcreva os valores da linha de cima (mais cedo) para a linha de baixo (mais tarde).
- Para atividades com duração maior que zero, deve-se subtrair 1 do valor da data de início mais tarde da atividade G e transcrever nos campos correspondentes das atividades E e F. Observe que temos uma situação "ponto divergente", ou seja, de um (atividade G) para muitos (atividade E e atividade F).
- Para calcular a data de início mais tarde, subtraia a data de término mais tarde da duração e adicione 1. Em nosso exemplo, a atividade E (10 − 7 = 3; 3 + 1 = 4).

- A próxima situação é de convergência, nesse caso de muitos para um (atividades E, F para atividade A). Existem dois valores de data de início mais tarde (E = 4 e F = 7). Qual deverá ser adotado? No cálculo para trás (caminho de volta) é utilizado o valor menor (E = 4).
- A próxima atividade no caminho de retorno é a X. Como seu valor é igual a zero, os valores serão transcritos diretamente (não subtrair 1).

Observe o diagrama de rede completo na figura 34. O processo é relativamente complexo em redes com muitas atividades. O cálculo das datas mais cedo e mais tarde é uma das funcionalidades disponíveis nos softwares para o gerenciamento de projetos.

Figura 34
Diagrama completo após cálculo de todas as datas

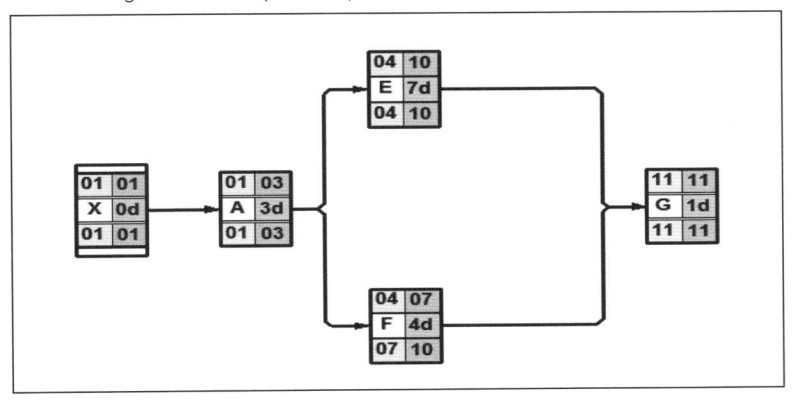

A próxima etapa é calcular as folgas aplicando a seguinte fórmula:

Folga = término mais tarde − término mais cedo

As atividades com a menor folga são conhecidas como atividades críticas e formam o caminho crítico do projeto. Mas é preciso, ainda, entender melhor a função das folgas e quais benefícios sua análise pode trazer para o gerente do projeto. Existem dois tipos de folgas:

- folga total – tempo de adiamento possível de uma atividade sem comprometer a data final de um projeto. Quanto maior a folga total de um projeto, mais contingência ele terá;
- folga livre – é o tempo que é possível atrasar o início de uma atividade sem adiar o início das atividades sucessoras.

Essas informações podem ser utilizadas para dois propósitos principais. O primeiro é determinar quais das atividades são mais críticas e oferecem menor contingência; portanto, devem ser observadas mais de perto, pois seu atraso implica o atraso do projeto todo. O segundo propósito é identificar quais atividades terão maior flexibilidade, permitindo redistribuição de seus recursos. Na maioria das vezes, após o cálculo do cronograma, a data desejada para a conclusão do projeto não é alcançada. Pode ser feita uma redução ou aceleração do cronograma para atender aos objetivos de prazo, conforme a seção a seguir.

Aceleração do cronograma

Reduzir a duração do projeto significa diminuir o tamanho do caminho crítico. Existem duas técnicas de aceleração: a conhecida por compressão ou *crashing*, e outra, conhecida como paralelismo ou *fast tracking*. Veja:

- compressão (*crashing*) – técnica que leva em conta a relação entre custo e cronograma. Uma das maneiras é a adição de recursos em atividades do tipo orientada ao empenho, em que esse incremento de recursos se traduza em redução da duração. Exemplo: um pintor pinta uma sala em 10 horas. Se colocarmos outro pintor, a atividade pode ser feita em um tempo menor. Como citado no capítulo anterior, nem toda atividade terá redução de duração quando adicionados mais recursos;

- paralelismo *(fast-tracking)* – tipo de técnica que faz com que fases, pacotes de trabalho ou atividades sejam executados em paralelo quando, originalmente, foram planejados para serem executadas em sequência. A aplicação desse tipo de técnica tende a aumentar o risco do projeto e, eventualmente, ampliar o retrabalho.

Considerações para ambientes ágeis

Com o passar dos anos, a antiga restrição tripla passa a ter de comportar também, em seu conjunto, questões como complexidade, incerteza e velocidade, uma vez que novos modelos de negócio, repletos de tecnologia em seu âmago, surgem a cada dia. É nesse contexto que surgem as práticas ágeis. A ideia não é substituir as práticas existentes, como aquelas listadas no Guia PMBOK (PMI, 2017a), mas oferecer alternativas flexíveis, com um formato mais interativo, adaptativo e menos preditivo para o gerenciamento. Os princípios ágeis estão intimamente ligados ao pensamento *lean* da escola da qualidade: eliminação de desperdícios, entrega com qualidade, adaptação às mudanças, melhoria contínua e geração de valor o mais breve possível. Tanto é assim que o PMI produziu um guia específico para práticas ágeis (PMI, 2017b), distribuído junto ao seu Guia PMBOK (PMI, 2017a).

Com a proliferação das práticas ágeis no ambiente de trabalho das organizações, algumas considerações para o desenvolvimento de cronogramas se tornam pertinentes. A primeira delas é relativa à elaboração iterativa de cronograma com uma lista de pendências (*backlog*). Trata-se de uma forma de planejamento em ondas sucessivas, conforme visto no capítulo 1 deste livro. Essa abordagem adaptativa favorece uma entrega de valor incremental ao cliente, além de uma acomodação melhor das mudanças durante o ciclo de vida do projeto. Outra questão importante é o que se pode chamar de "cronograma sob demanda". Alicerçada em sistemas *kanban*, na produção enxuta e na teoria das restrições (ver capítulo 7 do livro), esse tipo de prática limita o trabalho em andamento (*work-in-progress*) de uma equipe com fins de equilibrar a demanda. Ao invés de desenvolver um cronograma prévio como sugere o método tradicional, o trabalho é direcionado por uma lista de pendências (*backlog*), a serem executados à medida que os recursos se tornem disponíveis.

De maneira geral, as práticas ágeis sugerem ciclos de vida menores, além de uma carga muito maior de adaptação. Isso pode soar um pouco insólito e até mesmo antagônico em relação aos processos discutidos até aqui. Entretanto, o leitor deve lembrar que existem diversos tipos de projetos e uma miríade de segmentos de mercado. Alguns são mais propícios a práticas mais preditivas ou em forma de cascata, com fins de estabelecer alguma ordem metodológica na elaboração e na gestão dos projetos, como, em geral, o mercado de construção pesada. Outros podem se encaixar mais em ambientes rápidos, com adequação de entregas, cronogramas interativos e sob demanda, em ambientes criativos como o de desenvolvimento de softwares.

Mas que fique claro ser possível também uma combinação de métodos, práticas e processos na medida da necessidade do projeto e da maturidade da organização. Cada vez mais observamos a solidez dos processos sugeridos pelo PMI sendo utilizados em conjunto com as práticas ágeis nos mais diferentes ramos: são as chamadas abordagem híbridas, que objetivam fazer uso do "melhor dos mundos" das técnicas tradicionais e adaptativas. Sendo assim, quanto maior for o conhecimento do gerente de projetos em ambas as situações, maiores a chance de êxito em seu empreendimento.

* * *

O conteúdo deste capítulo é muito importante para o planejamento do projeto. Nele, vimos a geração do cronograma e identificamos o conceito e o cálculo matemático por trás do caminho crítico. Também tivemos uma ideia das técnicas para sua aceleração. Uma vez o cronograma montado, há outro ponto muito importante e, por vezes, esquecido: como controlar o cronograma obtido e gerir efetivamente o projeto. É o que veremos no próximo capítulo.

5
Plano de gerência do cronograma

Abordaremos neste capítulo o plano de gerenciamento do cronograma e a importância do modelo de cronograma utilizado, dado que em um bom plano, sobretudo em projetos complexos, é de fundamental importância um cronograma bem elaborado, não só como parte essencial do plano de projeto, mas também para guiar a execução do mesmo. A figura 35 representa o mapa do plano de gerência de cronograma e seus modelos.

Figura 35
Mapa do plano de gerência de cronograma e modelos de cronograma

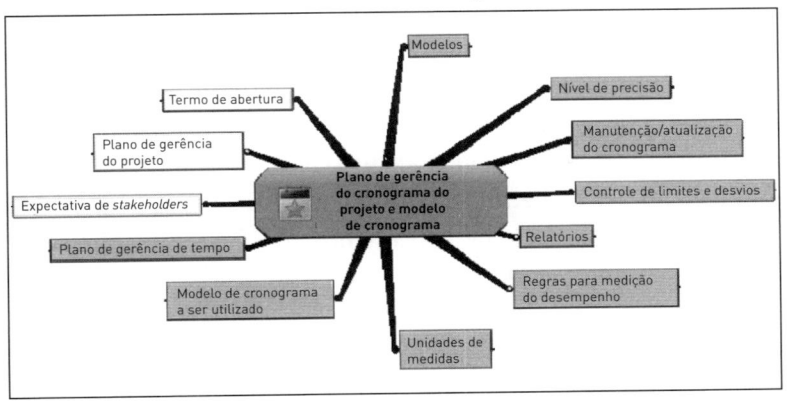

Plano de gerenciamento do cronograma

O principal objetivo da equipe do projeto, ao se empenhar na tarefa de desenvolvimento do plano de gerenciamento do cronograma, deve ser a de prover uma orientação adequada às necessidades do projeto, considerando as características do mesmo. Essa preocupação deve ir além da elaboração de um simples cronograma de barras impresso a partir de um software.

Deve-se tomar cuidado ainda com o uso indiscriminado de ferramentas e técnicas. Citamos como exemplo a aplicação de softwares que nos auxiliam na elaboração de cronogramas e que atualmente são acessíveis, fáceis de assimilar, flexíveis e relativamente baratos dependendo do grau de complexidade do projeto e das características desejadas do software. Os profissionais envolvidos com gerência de projetos, em geral, recebem um treinamento com ênfase no emprego da ferramenta, mas que pode também induzir ao seu mau uso, principalmente quando se ignoram os fundamentos do método do caminho crítico (CPM), discutidos do capítulo 4 deste livro.

O principal benefício da geração desse plano é o de nortear o desenvolvimento do cronograma em si, estabelecendo os procedimentos, políticas, modelos e a documentação necessária para o planejamento, execução e controle do cronograma do projeto. Sua adequada aplicação pode ser considerada decisiva para o gerenciamento do cronograma, já que todo projeto embute um relativo grau de incerteza, em especial os cronogramas. É sempre importante lembrar que o plano de gerenciamento do cronograma faz parte ou pode ser considerado um capítulo do plano de gerenciamento do projeto como um todo, que acomoda todas as demais áreas de conhecimento relevantes para aumentar as chances de sucesso do projeto, conforme ilustra a figura 36.

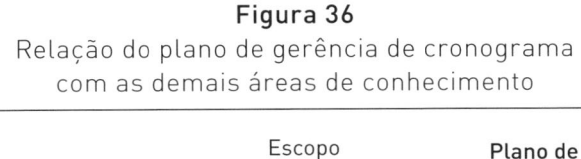

PLANO DE GERÊNCIA DO CRONOGRAMA

Figura 36
Relação do plano de gerência de cronograma
com as demais áreas de conhecimento

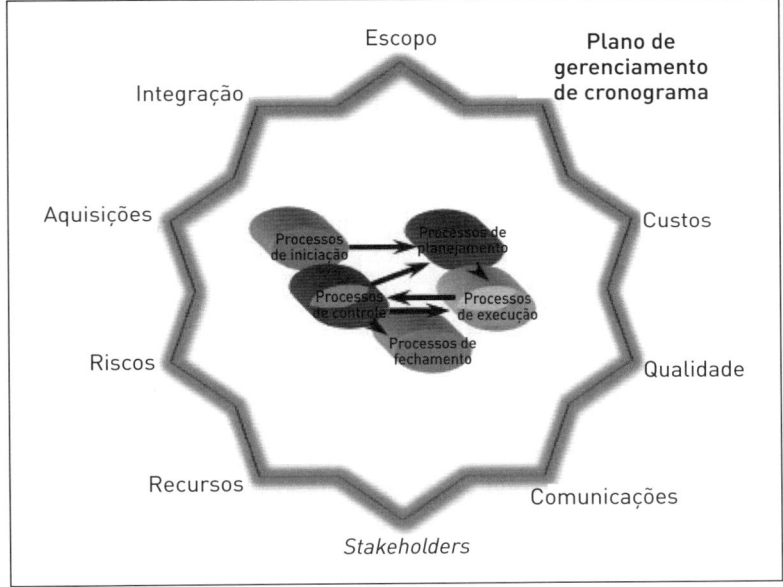

Integração — Escopo — Plano de gerenciamento de cronograma — Custos — Qualidade — Comunicações — Stakeholders — Recursos — Riscos — Aquisições

Processos de iniciação — Processos de planejamento — Processos de controle — Processos de execução — Processos de fechamento

Um bom plano de gerenciamento do cronograma deve gerar e manter adequadas referências para sua elaboração, compondo uma linha de base fundamentada em: revisão, avaliação e crítica da lista de atividades para entregar os produtos da EAP; durações obtidas a partir dos esforços e das produtividades das equipes; relações lógicas, considerando os vínculos obrigatórios e preferenciais; recursos alocados de forma racional, considerando as disponibilidades dos mesmos; calendários de tarefas, recursos e projeto; identificação de indicadores e métricas para aferir o desempenho do projeto ao longo da execução.

Algumas considerações importantes em relação ao plano de gerenciamento de cronograma se fazem necessárias. Muitas vezes consideradas detalhes, ou paradoxalmente ignoradas por força de pressões de tempo, essas questões podem representar a diferença entre o fracasso e o sucesso de um empreendimento. São elas:

- o nível de precisão do cronograma;
- as unidades de medida utilizadas;
- o modelo de cronograma utilizado;
- manutenção e atualização do cronograma;
- controle dos limites e desvios;
- regras para medição do desempenho;
- formato dos relatórios.

Nível de precisão

As premissas e restrições usadas no levantamento das informações necessárias ao desenvolvimento do cronograma impõem um nível de precisão às datas planejadas, principalmente no que diz respeito à estimativa de duração das atividades. Assim, para atividades cuja estimativa de duração é mais incerta, contingências envolvendo reservas de tempo, custo, recursos ou aquisições/fornecedores (mas não se limitando a estes) dentro de uma lógica de análise de risco de cronograma são importantes para aumentar as chances de cumprimento do prazo do projeto.

Unidades de medidas

Estabelecer unidades de medidas torna-se um elemento central nas ações em busca da satisfação do cliente, considerando que só o que é mensurável pode ser melhorado. Medir, por sua vez, irá subsidiar com informações o planejamento e o monitoramento/controle do gerenciamento do cronograma em projetos. Dessa forma, devemos definir um conjunto de unidades de medidas que nos permita controlar e verificar o desenvolvimento do cronograma. Como exemplo dessas unidades de medidas, citamos: intervalos de tempo (horas, dias, semanas e meses); durações (prevista, real e restante); quantidade dos serviços em unidades métricas; produtividade das equipes; quantidades de marcos/entregas; folgas (livre e total); tamanho da reserva de contingência e das atividades do projeto, e o custo da linha de base das atividades.

Modelo de cronograma

À medida que se registra progresso no projeto, o trabalho remanescente exige reavaliação à luz das novas informações. Raramente a execução de um projeto se dá de acordo com o inicialmente planejado. Em um típico ambiente de projeto, um processo de planejamento detalhado é necessário para antecipar, reconhecer e buscar soluções para os fatores e questões que potencialmente afetam o desempenho dos projetos. Nesse sentido, considerando a variável tempo, desenvolvemos o cronograma do projeto, visando minimizar os prováveis desvios, conforme explicado na metodologia dos capítulos anteriores. O principal objetivo é estabelecer o tempo necessário para um projeto, bem como fornecer um "mapa" que represente como e quando serão entregues os produtos definidos pelo escopo do projeto, de acordo com os recursos dimensionados.

Alguns profissionais fazem uma distinção entre a informação impressa do cronograma do projeto e os dados e cálculos que o produziram, fazendo referência ao mecanismo de agendamento (preenchido com dados do projeto) como o modelo de cronograma. Contudo, no cotidiano do ambiente de projetos, o cronograma e o modelo são igualmente chamados de "cronograma".

A prática padrão para elaboração de cronogramas (PMI, 2007) descreve os componentes do cronograma e práticas reconhecidamente aceitas para seu desenvolvimento. A utilização adequada dos componentes e de suas práticas resultará em um cronograma utilizável para planejar, executar, monitorar e comunicar a realização da meta do projeto aos interessados. O objetivo final desse modelo prático é a produção de modelos de cronograma que sejam de crescente valor para os projetos que eles representam. Assim, o mapa de modelo de cronograma sofre influência de outros processos já abordados no gerenciamento de cronograma, bem como de outras áreas de conhecimento, conforme pode ser verificado na figura 37.

Figura 37
Mapa do modelo de cronograma

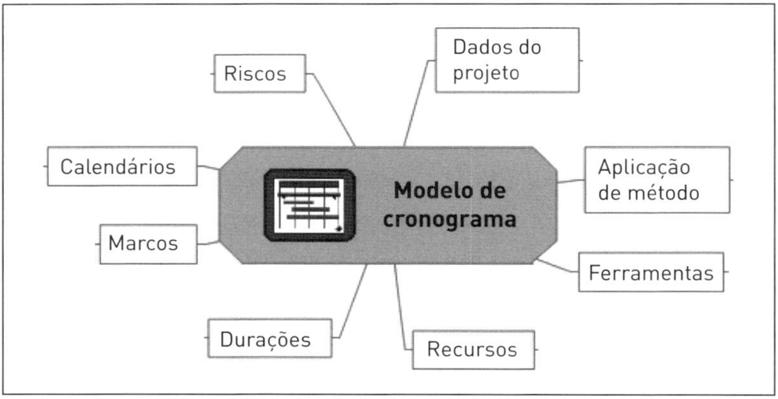

Dados do projeto – WBS e lista de atividades com atributos

Os atributos ampliam a descrição da atividade por meio da identificação dos múltiplos componentes a ela associados. Os componentes podem incluir: identificador (ID) da atividade, o ID da EAP, a descrição da atividade, atividades predecessoras com as antecipações (–) e esperas (+), requisitos de recursos, tipo de restrições e datas impostas, premissas (exemplo: produtividades), o tipo de tarefa, a quantidade do serviço, o esforço em horas, a distribuição desse esforço – nível de esforço (NDE) e o calendário da atividade. A quantidade dos atributos irá variar de acordo com a área de aplicação. A figura 38 apresenta exemplo de alguns componentes básicos para estimativa da duração das atividades.

Figura 38
Lista de atividades com componentes usando o MS-Project©

ID	EAP	Descrição da Atividade	Predecessoras (+) Espera (-) Antecipação	Recursos	Tipo de restrição	Tipo	Quant.	Esforço	Nível de Esforço - NDE	Calendário da tarefa
0	NP-	⊟ Nova_Planta			O Mais Breve Possível	Duração fixa	0	156.485 h		Nenhum
2	NP-G	⊟ GERENCIAMENTO			O Mais Breve Possível	Duração fixa	0	34 h		Engenharia
3	NP-G-PL	⊟ Desenvolver Plano do Projeto	1	Ger. Projeto[0,2]	O Mais Breve Possível	Unidades fixas	0	34 h		Engenharia
		Ger. Projeto		Ger. Projeto			1	34 h	Tartaruga	
4	NP-E	⊟ ENGENHARIA			O Mais Breve Possível	Duração fixa	0	200 h		Engenharia
5	NP-E-PB	⊟ Elaborar Projeto Básico	1	Dilbert[0,65]	O Mais Breve Possível	Trabalho fixo	30	50 h		Engenharia
		Dilbert		Dilbert			30	50 h	Contornado	
6	NP-E-PD	⊞ Elaborar Projeto Detalhado	5TI-20%	Dilbert[0,35]	O Mais Breve Possível	Trabalho fixo	50	150 h		Engenharia
8	NP-S	⊟ SUPRIMENTOS			O Mais Breve Possível	Duração fixa	0	51 h		Engenharia
9	NP-S-SE	⊟ Serviços			O Mais Breve Possível	Duração fixa	0	19 h		Engenharia
10		⊟ Contratar Obra Civil	5TI+5 d	Ger. Projeto[0,1]	O Mais Breve Possível	Trabalho fixo	0	19 h		Engenharia
		Ger. Projeto		Ger. Projeto			0	19 h	Sino	
11	NP-S-MT	⊟ Materiais			O Mais Breve Possível	Duração fixa	0	24 h		Engenharia
12		⊟ Adquirir Cabos	10	Comprador[0,	O Mais Breve Possível	Trabalho fixo	0	16 h		Engenharia
		Comprador		Comprador			0	16 h	Uniforme	
13		⊞ Adquirir Tubulação	12	Comprador[0,	O Mais Breve Possível	Trabalho fixo	0	8 h		Padrão
14	NP-S-EQ	⊟ Equipamentos			O Mais Breve Possível	Duração fixa	0	8 h		Engenharia
15		⊞ Adquirir Motores	7;6	Comprador[0,	O Mais Breve Possível	Trabalho fixo	0	8 h		Engenharia
17	NP-C	⊟ CONSTRUÇÃO			O Mais Breve Possível	Duração fixa	0	156.200 h		Construção
18	NP-C-OC	⊟ Obras Civis			O Mais Breve Possível	Duração fixa	0	150.000 h		Construção
19		Edificações	10		O Mais Breve Possível	Trabalho fixo	0	150.000 h		Construção

Aplicação do método

O primeiro passo para desenvolvimento de cronogramas é a seleção do método mais adequado para construir e analisar a rede de precedências. É recomendável que o método escolhido seja capaz de empregar diversas técnicas analíticas, tais como a determinação do caminho crítico, identificação dos recursos críticos e determinação da corrente crítica.

Ferramentas

Softwares de gerenciamento não são meros "fazedores" de cronogramas coloridos, mas poderosíssimas ferramentas auxiliares no gerenciamento das atividades do projeto, a partir da definição dos componentes que irão nortear o cronograma resultante. Aliás, os cronogramas são apenas um subproduto entre os diversos contidos em um aplicativo, seja ele no modelo *freeware*, *shareware* ou pago. Para o bom uso das ferramentas de auxílio na elaboração de cronogramas não basta apenas o conhecimento das funcionalidades que essas ferramentas oferecem; é necessário o entendimento da extensão dessas funcionalidades de forma a inserir os dados relevantes que afetam as durações das atividades. Apenas a título de exemplo da pouca utilização do uso dessas ferramentas, estimamos que o MS-Project©, um dos softwares mais populares do mercado, possua mais de 3 mil funcionalidades. Entretanto, a maioria dos planejadores utiliza a ferramenta apenas para apresentar o diagrama de barras que tenha a "aparência de correto". Como sugestão, antes da inclusão de quaisquer atividades ou de outros dados específicos do projeto, é recomendável configurar a ferramenta para desenvolvimento dos diversos cálculos e observar os vários componentes disponíveis na mesma, a fim de utilizá-los em conformidade com as características do projeto, conforme exemplificado na figura 39.

PLANO DE GERÊNCIA DO CRONOGRAMA

Figura 39
Lista de alguns componentes disponíveis no MS-Project©

Descrição da Atividade	Predecessoras (+) Espera (-) Antecipação	Recursos	Tipo de restrição	Tipo	Quant.	Esforço	Nível de Esforço - NDE	Duração Estimada da Linha de	[Digitar Nome] Calendário da tarefa
⊟ Nova_Planta			O Mais Breve Possível	Duração fixa	1	158.405 h		0 d	Id
⊟ GERENCIAMENTO			O Mais Breve Possível	Duração fixa	12	1.954 h		0 d	Id exclusiva
⊟ Desenvolver Plano do Projeto	1	Ger. Projeto[0,2]	Não terminar antes de	Trabalho fixo	0	34 h		0 d	IDA IDAC IDC
Ger. Projeto		Ger. Projeto			1	34 h	Tartaruga		Ignorar Avisos Ignorar calendário de recurso
⊟ Monitoramento e Controle	3TI-50%	Eng. Planejamento	O Mais Breve Possível	Trabalho fixo	0	1.920 h		0 d	Indicador de status Indicadores
Eng. Planejame.		Eng. Planeja.			0	960 h	Sino		Iniciais do recurso
Téc. Planejame.		Téc. Planeja.			0	960 h	Sino		Iniciar margem de atraso Início
⊟ ENGENHARIA			O Mais Breve Possível	Duração fixa	0	200 h		0 d	Início Agendado
⊟ Elaborar Projeto Básico	1	Dilbert[0,65]	O Mais Breve Possível	Trabalho fixo	30	50 h		0 d	Início antecipado Início antes da redistribuição Início atrasado
Dilbert		Dilbert			30	50 h	Contornado		Início da Linha de Base Início da Linha de Base 1
⊞ Elaborar Projeto Detalhado	6TI-20%	Dilbert[0,35]	O Mais Breve Possível	Trabalho fixo	50	150 h		0 d	Início da Linha de Base 10 Início da Linha de Base 2

Recursos

Como visto no capítulo 3, os recursos necessários para determinar a duração de cada atividade devem ser dimensionados levando em consideração a produtividade das equipes e a quantidade de serviços, o que é representado pelo esforço em horas de cada atividade programada para ser executada em determinado período. Esse processo de dimensionamento e balanceamento é conhecido como "planejamento carregando recursos" (PCR). Entre os principais benefícios do PCR, podemos citar:

- confere credibilidade às estimativas das durações, uma vez que utiliza a média histórica das produtividades existentes na base de dados das empresas;
- servirá de referência para o estabelecimento das diretrizes para monitoramento e controle por meio da curva de agregação de recursos (curva S), resultante dos níveis de esforços (NDE) estabelecidos para cada atividade, conforme figura 40.

Figura 40
Curva de recursos acumulada a partir dos
níveis de esforços estabelecidos

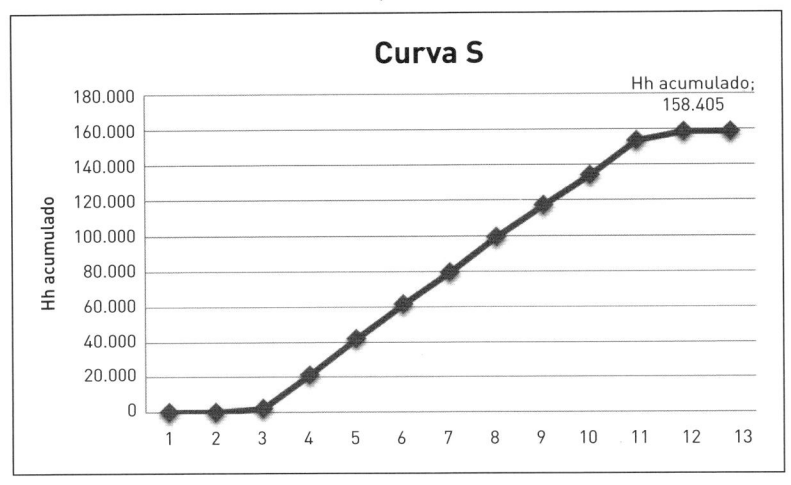

Curva S

[Gráfico: Hh acumulado vs períodos 1 a 13, com valor final Hh acumulado: 158.405]

Durações

As durações das atividades representam o número total de períodos em dias úteis, função do esforço requerido para a equipe, e dos calendários (atividade e recursos). Para efeito de elaboração de cronogramas, as durações requeridas são: duração, duração da linha de base; duração remanescente e duração realizada.

Marcos

Datas de entregas e pontos de controles não devem ancorar as atividades no tempo; portanto, não devem ser usados no modelo de cronograma para substituir a lógica da rede, uma vez que isso irá influenciar o modo como a ferramenta irá calcular determinadas datas e as folgas correspondentes.

Calendários

Ferramentas de auxílio, na elaboração de cronogramas, que oferecem aos planejadores três tipos de calendários: calendário do projeto; calendário da atividade e calendário de recursos, todos configuráveis de acordo com as características de cada projeto. É de fundamental importância fazer o emprego correto dessas funcionalidades, visando minimizar conflitos na programação pela utilização de múltiplos calendários. Entre os calendários, devemos considerar requerido o calendário do projeto, ficando os outros dois como opcionais.

Riscos

A estimativa da duração das atividades envolve certo grau de incertezas que precisam ser analisadas e tratadas segundo a ótica dos processos de gerenciamento de riscos, lançando mão das técnicas já conhecidas, como três pontos e simulação de Monte Carlo, principalmente quando o prazo total do projeto envolve certo risco para os interessados.

Componentes do cronograma

A seguir, o modelo de dados dos componentes, para ser preenchido conforme características dos diversos projetos (figura 41).

Figura 41
Modelo de dados de componentes

Tipo e nome do componente	Definição: ....
	Uso: ....; formato do dado: ....; introdução: ....
	Boa prática: ....

- *nome do componente* – esse elemento do dado contém o nome do componente dentro de um cronograma e/ou ferramenta para elaboração de cronogramas;
- *definição* – esse elemento do dado descreve o uso global e função do componente dentro do cronograma;
- *uso (opcional ou requerido)* – elemento do dado que indica se o uso de um componente é requerido, visando atender ao mínimo estabelecido, no modelo de cronograma;
- *formato do dado*: esse elemento do dado descreve como ele é formatado dentro do componente, como parte do cronograma;
- *introdução: manual ou calculado* – elemento que indica se o dado, dentro do componente, é manualmente introduzido ou calculado pelo cronograma/ferramenta;
- *boa prática* – nessa lista, "boa prática" significa que há um consenso, segundo o qual a correta aplicação das habilidades, ferramentas e técnicas pode aumentar amplamente as chances de sucesso de projetos diversos. Boa prática não significa que o conhecimento descrito deva sempre ser aplicado igualmente em todos os projetos; a equipe de gerenciamento é responsável para determinar o que é apropriado para cada projeto.

Na figura 42, relacionamos exemplos de componentes, de um total de 110, proposto pela "Prática Padrão para Elaboração de Cronogramas", sendo que desse total, 41 componentes com seus subelementos são requeridos.

PLANO DE GERÊNCIA DO CRONOGRAMA

Figura 42
Componentes e seus subelementos

Calendários Calendário do projeto	**Definição:** define a base dos dias úteis para trabalho no respectivo ano. **Uso:** requerido; **formato do dado:** data; **introdução:** manual. **Boa prática:** no nível de projeto este deve ser considerado principal.
Calendários Calendário da atividade	**Definição:** o calendário base que você pode aplicar às atividades individuais. Em geral, é independente do calendário do projeto ou dos calendários dos recursos. Por padrão, todas as atividades utilizam o calendário do projeto. **Uso:** opcional; **formato do dado:** data/hora; **introdução:** normal. **Boa prática:** utilizar calendário da atividade em uma instância em que um calendário da atividade diferencia-se do calendário do projeto.
Restrições O mais breve possível – Asap	**Definição:** restrição flexível do tipo mais breve possível, colocada numa atividade, fará com ela seja programada para terminar logo depois da data de início do projeto, ou seja, o mais breve possível, sem atrasar as atividades sucessoras, dadas outras restrições e dependências de atividades existentes no cronograma. **Uso:** opcional; **formato do dado:** alfanumérico; **introdução:** manual. **Boa prática:** restrições não devem ser uma sobreposição para a lógica da rede, uma vez que impõem limite na forma de "trabalhar" das ferramentas.
Durações Duração real da atividade	**Definição:** a duração real mostra o período real de trabalho para uma atividade até a data de *status*, com base na duração agendada e na porcentagem concluída. Considera também as datas de início e término real das atividades. **Uso:** requerido; **formato do dado:** numérico; **introdução:** manual ou calculado (duração real = duração agendada × % concluído). **Boa prática:** utilizar meios de registrar periodicamente o serviço realizado.
Durações Duração da linha de base	**Definição:** a duração da atividade originalmente fixada e não atualizada como progresso. Tipicamente utilizada para comparação com a duração real e o restante da atividade, quando relatados no progresso do cronograma. **Uso:** requerido; **formato do dado:** numérico; **introdução:** calculada. **Boa prática:** um registro deve ser mantido de quanto a duração foi determinada para futuras referências e revisões.
Durações Duração restante da atividade	**Definição:** o tempo necessário para concluir a parte inacabada da atividade: (a) – igual à duração original para uma atividade que não tenha iniciado ou (b) – entre a data dos dados do cronograma do projeto e a data de término antecipado de uma atividade do cronograma que não tenha uma data de início real da atividade. Isso representa o tempo necessário para completar uma atividade do cronograma quando o trabalho estiver em desenvolvimento. **Uso:** requerido; **formato do dado:** numérico; **introdução:** manual ou calculada. Duração restante = duração – duração real. **Boa prática:** uma vez a atividade começada, mas não completa durante um ciclo de relato, uma resolução deve ser feita para a duração que resta para completar o trabalho.

Manutenção/atualização do cronograma

Atualização, por exemplo, das métricas de desempenho e do processo de gerenciamento do cronograma são saídas do plano de gerenciamento de cronograma, que usa as informações reais de utilização do modelo do cronograma, para melhorá-lo. Remete à melhoria contínua de uma metodologia de gerenciamento de projetos.

Controle dos limites e desvios

Limites de variação para o monitoramento de desempenho de cronograma devem ser especificados para indicar uma variação ao longo do desenvolvimento do projeto, de forma que uma ação preventiva ou corretiva seja desenvolvida a tempo. Os limites são geralmente expressos em unidades relativas, de acordo com os parâmetros estabelecidos no plano original: (%) percentual completo/concluído – relação entre duração real/duração prevista; (%) percentual físico a partir das unidades produzidas – relação entre quantidade real/quantidade prevista; (%) percentual do planejamento concluído (PPC) mostra o percentual executado em cada período, excluindo os problemas encontrados; nível de esforço para as atividades de apoio associadas à produção de bens e serviços; utilização das folgas livre e total; número de dias ou (%) de utilização do *buffer*; e desvios em relação às produtividades previstas. Para cada um dos indicadores mencionados, deverão ser estabelecidos os limites aceitáveis.

PLANO DE GERÊNCIA DO CRONOGRAMA

Regras para medição do desempenho

A finalidade da introdução do método *cost/schedule control system criteria* (C/SCSC), hoje mais conhecido como *earned value management* (EVM) nos relatórios gerenciais é fornecer indicadores para a análise de desempenho dos projetos. Dos 32 critérios para estruturar e medir o desempenho dos projetos nas áreas de cronograma e custos, destacamos:

- regras para estabelecer a porcentagem concluída;
- contas de controle (CAPs) em que o progresso do cronograma será medido;
- técnicas de medição do valor agregado (por exemplo: linhas de base dos custos, fórmula fixa, porcentagem concluída, quantidades produzidas etc.) a serem empregadas;
- medidas de desempenho do cronograma, como variação de progresso (VPr = valor agregado – valor planejado); índice de desempenho de progresso (IDP = VA / VP), usado para avaliar a magnitude da variação da linha de base original do cronograma, em termos de avanço do projeto.

Formato dos relatórios

Os relatórios gerenciais são de fundamental importância para a equipe do projeto. Com base nessas informações serão desenvolvidas ações gerencias visando reestabelecer o cronograma do projeto. Portanto, a estruturação e operacionalização deve contemplar um conjunto de informações relevantes que auxiliem o tomador de decisão. Entre essas informações relacionamos algumas na figura 43.

Figura 43
Modelo de relatório gerencial

Logo	**Relatório gerencial** (Modelo para *status* do projeto)	Data: ___/___/___
Autor:		Nº/período:
Projeto: nome do projeto/área		
Assunto: descrição sumária das características do relatório		

Números – Dados e indicadores

% físico; % concluído; desvio em dias; valor agregado; prazo agregado; VPr; IDP; folgas e consumo do buffer.

Gráficos – Com foco em desvios

Keys performance indicators (KPIs); curva S; *dashboards*; diagrama de barras e histogramas.

Destaques do período – Foco nos itens relevantes

Atividades críticas executadas; pendências; desvios; problemas encontrados.

Ações corretivas	**Projeções**

Para que todo o esforço de planejamento em relação ao tempo do projeto possa ser devidamente aproveitado e consumado na correta escolha de um modelo de cronograma, preparação do mesmo e acompanhamento, é fundamental que tanto o plano de projeto como um todo quanto fatores ambientais e todos os devidos *stakeholders* estejam envolvidos. Quanto maior a qualidade da participação dos *stakeholders* em todo o processo de desenvolvimento e acompanhamento do cronograma, maior a tendência de um projeto de sucesso, seja este interno à organização ou externo.

* * *

Neste capítulo, procuramos tecer as mais importantes considerações a respeito da confecção do plano de gerenciamento de cronograma e dos modelos de registro de cronograma. Acreditamos que seu uso beneficie em muito o planejamento, gerenciamento, o reporte e a documentação do projeto. No entanto, de nada valerá esse esforço se o cronograma não for devidamente controlado em todas as etapas planejadas. Por isso, no próximo capítulo veremos outro ponto muito importante e, por vezes, esquecido: como controlar o cronograma e gerir o projeto.

6
Controle do cronograma

Após a criação do cronograma, entramos efetivamente na fase de execução e controle do projeto, pontos abordados neste capítulo. Como mencionamos, é importante registrar que um dos problemas mais comuns em todos os projetos é, justamente, a fase de controle, ou a ausência do mesmo. Aqui veremos algumas alternativas com o objetivo de medir o desempenho do projeto por meio do monitoramento da variável tempo.

O conceito de controle

Entendemos que, na verdade, não controlamos a variável tempo, mas sim os fatores de produção e seu comportamento em termos de oferta e demanda ao longo do desenvolvimento do projeto. Entre os itens relevantes desse comportamento, listamos os seguintes:

- se os fatores de produção, em especial recursos humanos, serão ofertados em quantidades suficientes por todo o período de produção, sem descontinuidades;
- se as demandas por recursos entre atividades simultâneas não comprometerão a estimativa final do prazo do projeto, obtido por meio do desenvolvimento do cronograma;

- se os níveis de produtividade que serviram de base para estimativa das durações estão sofrendo variações relevantes que necessitem de ações corretivas para recuperar ou minimizar possíveis impactos no prazo do projeto.

O controle de prazos pode ser visto como um processo de monitoramento contínuo, envolvendo a análise das causas, seus efeitos sobre a duração do projeto e se esses desvios estão dentro das margens estabelecidas. Esse processo deve se estender para os diversos níveis das estruturas de análise dos projetos, considerando os pacotes de trabalho, a estrutura analítica organizacional e a estrutura de custos, visando minimizar os efeitos negativos das possíveis variações no resultado do projeto, a tempo de os gestores desenvolverem as ações necessárias, como mostramos na figura 44.

Figura 44
Mapa do controle do cronograma

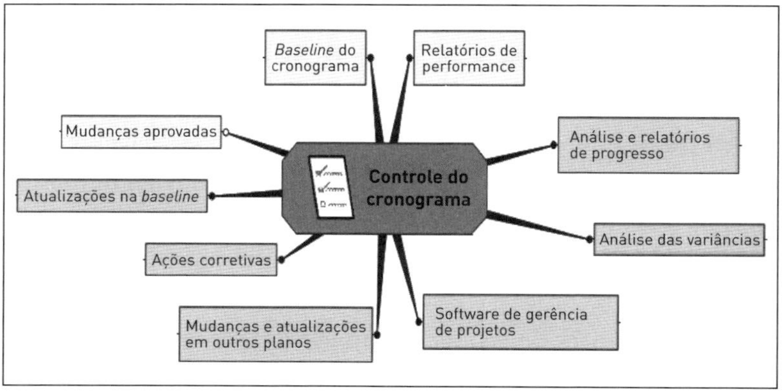

Objetivando avaliar corretamente o progresso do projeto, Cleland (1999:325-346) propõe algumas condições e entendimentos que se fazem necessários. São eles:

- os integrantes da equipe devem compreender e estar comprometidos com a importância do processo de monitoração, avaliação e controle do projeto;
- o pacote de trabalho (EAP) constitui a unidade básica e fundamental do projeto em torno da qual o progresso do projeto pode e deve ser medido e avaliado;
- informações usadas para fins de controle do projeto devem ser relevantes, precisas e acessíveis à demarcação de tendências no uso de recursos do projeto;
- a medição dos resultados do projeto deve iniciar com uma avaliação do *status* de todos os pacotes de trabalho existentes no projeto;
- informações coletadas e compiladas a respeito do *status* do projeto devem ser ajustadas por meio do julgamento feito pelos componentes da equipe de projeto e executivos envolvidos.

O monitoramento de um projeto requer um sistema que seja simples, contínuo e adequado à sua necessidade, devendo: ser relacionado com as demais áreas de conhecimento de gerenciamento de projetos; apresentar excelente relação benefício/custo; ser sensível à periodicidade das datas de *status*, permitindo que ações sejam tomadas a tempo; ser suficientemente flexível para ajustar-se à velocidade das mudanças no ambiente de projetos; e prover informação, com o nível de concisão requerida, para os vários envolvidos no projeto. Esse sistema pode ser representado conforme a figura 45.

Cada um dos elementos é discriminado a seguir.

Figura 45
Sistema de monitoramento e controle de projetos

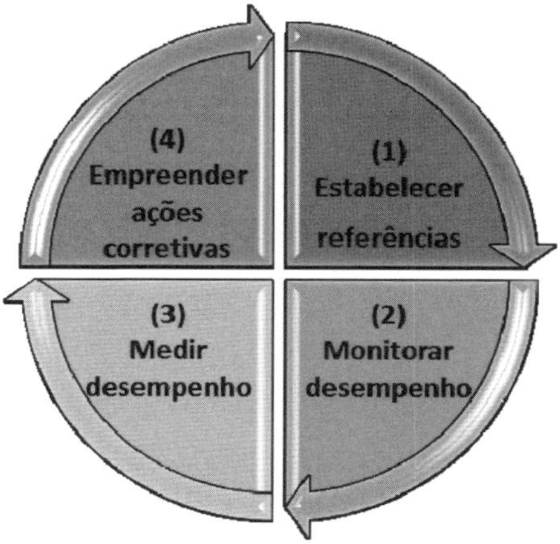

Fonte: adaptada de Cleland (1999:325).

Estabelecendo referências

As referências são estabelecidas a partir do próprio plano do projeto, que inclui, em geral:

- o escopo de trabalho e respectiva EAP;
- produtividades e métricas dos recursos (pessoal e equipamentos);
- histograma de recursos (disponibilidade e demanda);
- a duração das atividades e a linha base (*baseline*) das durações;
- a rede de precedência com caminho crítico identificado;
- os critérios de medição do progresso físico;
- os critérios de aceitação para desvios das durações;
- definição de custos diretos, custos indiretos, custos de aceleração, prêmios e multas.

Para cada elemento da EAP, será definida uma duração com base nas produtividades estabelecidas e na disponibilidade da equipe básica a ser utilizada. Se o prazo final obtido for compatível com as restrições ou necessidades do cliente e com a distribuição racional dos recursos, o mesmo será mantido e servirá como linha de base (*baseline*) para controle do projeto. A linha de base do cronograma é um componente do plano de gerenciamento do projeto. Ela fornece a base para medição e emissão de relatórios de desempenho de prazos como parte da linha de base da medição de desempenho.

Monitorando o desempenho

Esse processo inclui o recebimento de informações relevantes, suficientes e precisas acerca do *status* do projeto, originárias de muitas fontes, como relatórios periódicos com progresso físico das tarefas executadas e reuniões de avaliação e revisão.

Durante as reuniões de avaliação e revisão deve-se:

- observar o progresso até a data, tendo como referência os pacotes de trabalho do projeto;
- questionar se alguma ação que deve ser implementada e que não está sendo feita contribuirá para melhorar o desempenho do projeto, avaliar em especial as produtividades e métricas estabelecidas no processo de planejamento;
- procurar perceber se a periodicidade estabelecida para os relatórios de progresso é sensível às possíveis ações corretivas necessárias;
- identificar se os interessados nos resultados do projeto demonstram satisfação pela condução do mesmo;
- avaliar se a equipe e a organização respondem a tempo às necessidades do projeto e se os métodos e técnicas empregados são adequados.

Nossa recomendação é que as reuniões sejam todas elas formais. Mesmo que seja somente uma reunião interna, somente a equipe do projeto, é fundamental que seja confeccionada uma ata de reunião e que um *status* para cada ponto levantado seja anotado. Observe que é muito comum a discussão sobre desvios, mas não é tão comum o devido registro. A evolução só pode ser feita por meio da medição. Até porque em projetos vale o que está escrito. Veja o exemplo da figura 46.

Figura 46
Exemplo de registro de reunião de
avaliação do status do projeto

Data da reunião: ____/____/____

Participantes:

***Status* do trabalho do projeto:**
Descreva como está o andamento das atividades do projeto, incluindo o progresso relacionado ao período.

Problemas e questões especiais a serem resolvidos:
Questão: Responsável: Datas:

Planos para o próximo período:

Outras notas e interesses:

Relatório de *status* encaminhado para:
Nome: Cargo: Data:

Medindo o desempenho

Esse processo consiste em comparar o previsto com o realizado, sobretudo na aplicação e uso dos recursos, visando determinar se tal uso contribui para o cumprimento dos objetivos do projeto.

O desempenho do projeto deve ser avaliado regular e continuamente, para que sejam identificadas as variações derivadas da execução em relação ao plano de gerenciamento do cronograma. O processo envolve verificar se os desvios, até a data de *status*, são relevantes e estão dentro dos critérios da aceitação estabelecidos no plano de gerenciamento do cronograma e analisar se as produtividades previstas estão de acordo com as realizadas.

Na figura 47 é possível observar um exemplo da análise da variação do prazo por meio da utilização de um formulário de registro incluindo os motivos da variação, os impactos que podem ser antecipados em função da variação e quais as ações corretivas planejadas.

Figura 47
Exemplo de formulário para análise da variação do prazo

Período avaliado: ____/____/_____ a ____/____/_____.

Atividade do projeto analisada	Datas de início/fim programadas	Datas reais de início/fim	Desvio até a data de status (dias)
Descrição da atividade	15/2 a 20/8	15/2 a 25/8	5 dias

Motivo da variação:
Descreva os motivos pelos quais ocorreram as variações na programação do projeto.
Impactos antecipados:
Descreva quais os impactos decorrentes da variação da programação (tanto atrasos quanto adiantamentos).
Ação corretiva planejada:
Descreva o que foi planejado como ação corretiva, no sentido de minimizar ou anular esses impactos.

A prática corrente para controle dos prazos dos projetos é feita por meio da análise dos diagramas de barras, como visto, objetivando determinar os desvios das durações reais em relação às durações planejadas. Esse processo envolve o registro das datas de início/término das tarefas executadas, de acordo com a periodicidade dos relatórios, bem como os percentuais de conclusão que, na maioria dos softwares, correspondem à parcela da duração real. Dessa forma, estaríamos comparando apenas a duração prevista com a duração real, sem analisar o progresso físico, sendo esta última informação a mais importante. Portanto, essa prática, apesar da facilidade de compreensão, é insuficiente para determinar as causas dos desvios em nossos cronogramas. Na figura 48, apresentamos um exemplo de diagrama de barras com a duração da linha de base (barra do prazo original) acrescida de outras barras que nos auxiliarão na análise das variações de desempenho ao longo do tempo. Essas barras são: (a) duração revisada; (b) duração real (% concluído); (c) progresso físico (% físico executado); (d) trabalho realizado (% horas realizadas). Essas quatro entradas são de fundamental importância para medição do desempenho das durações, progresso e produtividade, como veremos adiante. Uma vez estabelecida a referência, por meio da duração da linha de base (*baseline*), poderemos desenvolver uma análise mais refinada, na data de *status* do projeto, comparando: % físico (progresso) x % concluído (duração real) x % trabalho (horas realizadas), representado por barras proporcionais, em unidades relativas (%).

Figura 48
Diagrama de barras com as representações: do progresso físico, da duração prevista, da duração real e trabalho (h)

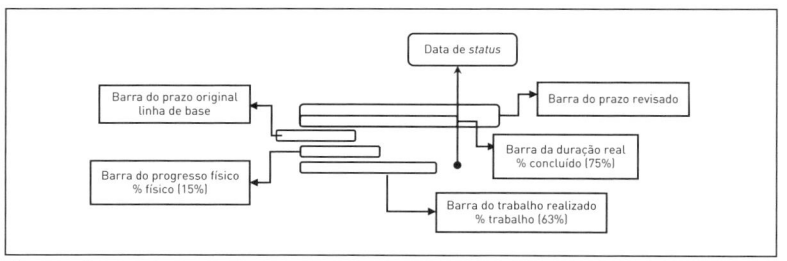

[Diagrama com os seguintes elementos:
- Data de *status*
- Barra do prazo original linha de base
- Barra do prazo revisado
- Barra da duração real % concluído (75%)
- Barra do progresso físico % físico (15%)
- Barra do trabalho realizado % trabalho (63%)]

Observações:
- % duração da linha de base – duração decorrida desde a data de início da linha de base até a data de *status*, representada pela linha de base da duração da tarefa, correspondente a 100%, uma vez que a data de *status* é superior ao término da atividade;
- % concluído – duração real desde a data de início real até a data de *status*, em unidade relativa, proporcional à nova duração ou duração revisada (75%). Exemplo: duração real = 15 dias; duração revisada = 20 dias (75% = 15/20);
- % físico executado – progresso físico resultante da medição da tarefa realizada (15%); independente do prazo decorrido e do esforço (horas) realizado;
- % trabalho – horas efetivas apropriadas, devido ao progresso físico na execução da tarefa, proporcionais às horas previstas para ela. Exemplo: 63 horas realizadas em comparação a 100 horas previstas para realização da tarefa (63% = 63/100) até a data de *status*.

CONTROLE DO CRONOGRAMA

Fazendo essa distinção, poderemos analisar cada variável independente e estabelecer relações entre elas, visando medir o desempenho do uso dos recursos e avaliando o desempenho do projeto em relação ao programado. Desse modo, será possível comparar os dados relativos às durações para a tarefa: linha de base da duração (exemplo: 100% do prazo original decorrido); duração realizada (% concluído, 75% em relação ao prazo revisado); progresso físico (15% executados) e horas realizadas (63% da relação entre as horas efetivas e horas programadas). Poderemos, ainda, analisar os desvios em termos absolutos e comparar com os critérios de aceitação previamente estabelecidos no plano de gerenciamento do cronograma por meio de uma planilha (figura 49), utilizando um indicador gráfico da variação para facilitar a visualização do *status* de cada atividade do cronograma.

Figura 49
Desvios absolutos da duração e término
das tarefas (Ms Project ©)

Tarefa	% Físico Executado	% concluída	Duração da linha de base	Duração Revisada	Duração real	Variação da duração	Desvio da Duração	Término da linha de base	Término	Variação do término	Desvio do Término
Nova_Planta	62%	57%	90 d	75 d	42,63 d	-15 d		11/09	21/08	-15 d	
Gerenciamento	50%	49%	90 d	75 d	45 d	-15 d	☻	11/09	21/08	-15 d	☻
ENGENHARIA	100%	100%	10 d	15 d	15 d	5 d	☺	22/05	02/06	7 d	☺
Projeto Básico	100%	100%	5 d	3 d	3 d	-2 d	☺	15/05	15/05	0 d	☺
Projeto Detalhad	100%	100%	5 d	10 d	10 d	5 d	☺	22/05	02/06	7 d	☺
SUPRIMENTOS	100%	100%	5 d	6 d	6 d	1 d	☺	29/05	08/06	6 d	☺
Tubulação	100%	100%	5 d	5 d	5 d	0 d	☺	29/05	05/06	5 d	☺
Cabos	100%	100%	5 d	4 d	4 d	-1 d	☺	29/05	05/06	5 d	☺
Motores	100%	100%	5 d	5 d	5 d	0 d	☺	29/05	08/06	6 d	☺

Análise dos indicadores e critérios de aceitação:

☺ variação entre menos dois dias e mais quatro dias em relação à duração ou data de término da tarefa.

☻ variação entre quatro e seis dias em relação à duração ou data de término da tarefa.

☹ variação abaixo de 10 dias e acima de seis dias em relação à duração ou data de término da tarefa.

Análise da variação das produtividades

As durações estimadas das tarefas que servem de base para elaboração do cronograma geralmente são obtidas de informações históricas, métodos probabilísticos, padrões e métricas. Esses dados, transformados em horas de aplicação de recursos, nos fornecem as produtividades estimadas, que para efeitos de planejamento são consideradas premissas.

Entendemos que a análise da variação das produtividades é um dos principais itens a serem controlados no desenvolvimento do projeto pelo ponto de vista das durações e prazos, visto que as estimativas das durações foram obtidas dessas produtividades que, por sua vez, serão representadas no diagrama de barras. Como exemplo, o apresentado na figura 50 demonstra a análise das produtividades com base nas informações de progresso físico das tarefas e agrupadas por gerência funcional.

Figura 50
Exemplo de relatório de análise de produtividade por tarefas (Ms Project ©)

Tarefa	% Físico Execut.	Trabalho da linha de base	Quantid. Prevista	Horas Prevista	Quantid. Real	Horas Real	Produtiv. Real	Produtiv. Prevista	Prod. Real / Prod. Prev.	Desvio Horas (DHr)	Indicador Gráfico
⊟ Construção		2.200 h				840 h					
⊟ Elétrica	80%	600 h	20000	480	16000	200 h	0,75	1,8	0,42	-280	●
Cabos		20.000 m.	20000	0	0	16.500 m.	0	0	0	0	0
Pedro		600 h	600	0	0	200 h	0	0	0		
⊟ Motores	50%	1.600 h	14	800	7	640 h	5485,71	6857,14	0,8	-160	●
⊟ Engenharia		102 h				134,77 h					
⊟ Projeto Básico	100%	56 h	30	56	40	38,77 h	58,15	112	0,52	-17,23	●
⊟ Projeto Detalhado	100%	46 h	50	46	80	96 h	72	55,2	1,3	50	◉

Onde:

- % físico executado – resultado da medição periódica dos serviços realizados representados pela medição física dos produtos entregues. Para cabos da elétrica: 80% = 16.000 / 20.000;
- quantidade prevista (total) – métricas físicas que servirão de referência para medição física dos produtos/serviços a serem entregues (exemplo: pontos de função, m^3 de concreto etc.), cabos da elétrica = 20.000;

- horas previstas – quantidade de horas previstas para realização da tarefa, tendo como base a produtividade da equipe. Para elétrica (1,8 min/m): 480 h = (16.000 m × 1,8 min/m) × 60 min ou 80% × 600 h;
- quantidade realizada – quantidade realizada da tarefa/produto em unidades métricas (16.000 m);
- horas realizadas – apropriação das horas efetivas para realização da tarefa/produto: (200 h);
- produtividade prevista em minutos – resultado da divisão do tempo total em minutos pela quantidade física de produto a ser desenvolvido (600 h × 60 min / 20.000 m = 1,8 min/m.);
- produtividade realizada em minutos – resultado da divisão do tempo parcial realizado em minutos pela quantidade física realizada do produto até a data de *status*. (200 h × 60 min / 16.000 m = 0,75 min/un);
- produtividade real/prevista – relação entre a produtividade real e a prevista (0,75 / 1,8 = 0,42);
- desvio em horas – horas realizadas menos horas previstas (480 h – 200 h = –280 h).

Análise dos indicadores e critérios de aceitação:

☺ relação entre produtividade real/prevista: entre 0,85 e 1,5;
☹ relação entre produtividade real/prevista: entre 1,5 e 2,0;
☒ relação entre produtividade real/prevista: maior que 2,0 e menor que 0,85.

Uma parte importante do processo de monitoramento e controle é desenvolver ações preventivas para resolver problemas reais ou previstos. As principais ações incluem: controle de mudanças; controle do escopo; controle de *milestones*; controle de custos; controle de riscos; controle das produtividades e análise e controle dos desvios no cronograma. Como parte de controle geral de mudanças que impactam diretamente o prazo do projeto, apresentamos, na figura 51, um exemplo de formulário para registro e obtenção de aprovação da requisição de mudanças do prazo do projeto.

Figura 51
Exemplo de formulário de requisição de mudanças no prazo

Informações sobre a mudança solicitada

Mudança requisitada por
Nome da(s) pessoa(s) que solicitou(aram) a mudança

Número da mudança
Descrição detalhada da mudança requerida nos prazos do projeto

Motivo

Avaliação dos impactos da mudança

Efeitos no custo do projeto:
☑ Aumento de custo estimado em aproximadamente _____%.
☐ Redução de custo estimado em aproximadamente _____%.

Efeitos no planejamento:
Data final planejada do projeto __/__/__ Nova data final do projeto: __/__/__

	Nome	Assinatura	Data
Emitido por:	Resp. pela elaboração		__/__/__
Aprovado por:	Gerente do projeto		__/__/__

Empreendendo ações corretivas

A correção do fluxo de um projeto pode fazer uso de muitas estratégias diferentes para trazer de volta o cronograma do realizado para o previsto ou mesmo o equilíbrio entre a oferta de recursos e a demanda por eles. Reconhecemos que nem sempre a aplicação dessas estratégias é tão simples quanto sua descrição, mas é importante que estejam documentadas até para servir de referência futura para análise do leitor. Algumas dessas estratégias são:

- replanejamento e reprogramação das tarefas. A diferença aqui adotada entre replanejamento e reprogramação está no fato de que quando se replaneja, cria-se uma linha de base (*baseline*). Quando nos referimos à reprogramação, estamos falando de tudo aquilo que podemos fazer para reprogramar atividades sem alterar a linha de base do projeto;
- realocação de fundos;
- realocação e redistribuição de recursos;
- análise "e se" (*what if*);
- nova designação de autoridade/responsabilidade;
- redução das durações com base nos custos diretos de aceleração.

Durante o planejamento e a execução do projeto, realizamos alocações de recursos. Algumas vezes, mais de uma atividade pode ser atribuída a um mesmo recurso (mão de obra e/ou equipamentos), gerando superalocação ou excesso de alocação; por outro lado, pode ocorrer subalocação de recursos, resultando em vales nos histogramas de recursos, casos em que os recursos podem estar sem atividade ou com uma demanda inferior à sua disponibilidade para aquele período. É interessante, do ponto de vista de um bom planejamento ou execução, que os recursos tenham seu trabalho distribuído mais uniformemente. Essa preocupação é tratada por meio das técnicas que descreveremos a seguir.

Nivelamento de recursos

A ideia do nivelamento de recursos é distribuir as atividades em função de suas disponibilidades para eliminar superalocações, antecipando ou postergando atividades não críticas, se possível. A técnica é aplicada em um cronograma que já foi previamente gerado pelo método do caminho crítico e resulta em um cronograma ajustado, na maioria das vezes com datas de término superiores às originalmente encontradas antes do ajuste.

Pode-se evitar o acréscimo de prazos, utilizando a "heurística de nivelamento de recursos", na qual se propõe alocação dos recursos primeiro nas atividades críticas; os demais recursos deverão ser alocados e redistribuídos utilizando o cálculo automático de nivelamento de recursos, constantes dos softwares de elaboração de cronogramas, preservando-se, assim, o caminho crítico do projeto.

O nivelamento de recursos também tem fortes implicações na questão do fluxo de caixa do projeto. Quando os recursos são redistribuídos, existe uma tendência de que os desembolsos também o sejam.

Apresentamos, na figura 52, um histograma no qual será necessária a redistribuição dos recursos, para eliminar a superalocação existente, visando atender à restrição de um recurso disponível ao longo do período.

Figura 52
Histograma de alocação de recursos (MS Project ©)

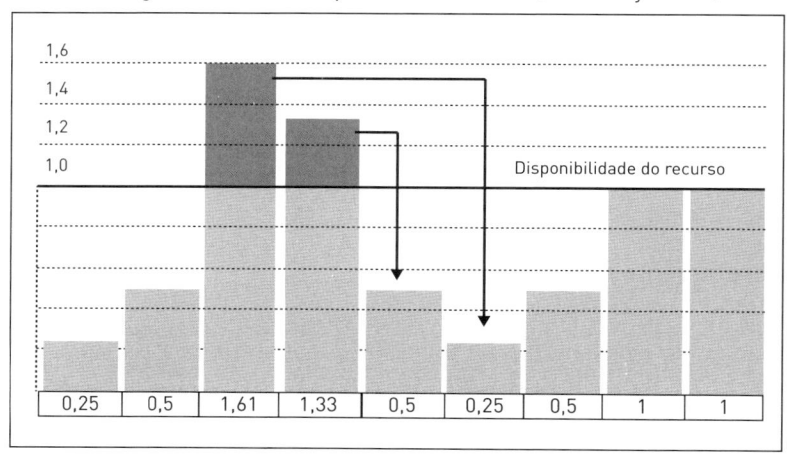

Estabilização de recursos

A técnica de estabilização tem como objetivo minimizar as variações de período a período na alocação de recursos, representadas por picos e vales, deslocando atividades dentro das folgas livre e total, de maneira que o recurso possa ser utilizado de uma forma mais equilibrada, criando, assim, distribuições mais suaves nas demandas pelos recursos. Na estabilização ou otimização de recursos, ao contrário do que ocorre no nivelamento de recursos, o caminho crítico não deve ser estendido e a data de conclusão não pode ser atrasada.

Essa técnica evita situações do tipo: os recursos trabalham durante uma semana e ficam disponíveis ou subutilizados na seguinte. O trabalho deve ser distribuído de maneira uniforme e racional, podendo ser crescente até atingir o período de pico e decrescente próximo ao final da tarefa ou projeto. Isso contribui para melhorar o moral da equipe devido à constância no trabalho e evita o estresse de sobrecarga. Como exemplo, apresentamos, na figura 53, histograma de alocação de recursos, no qual foi adotado o nível de esforços "sino", o que irá resultar na curva S acumulada do recurso. Caso adotemos os mesmos níveis de esforços (recomendável) para todos os recursos, obteremos a curva S correspondente do projeto.

Todas essas considerações relativas ao cronograma que vimos até agora precisam ser representadas de alguma forma para os diferentes tipos de *stakeholders* do projeto. Os formatos são temas do próximo tópico.

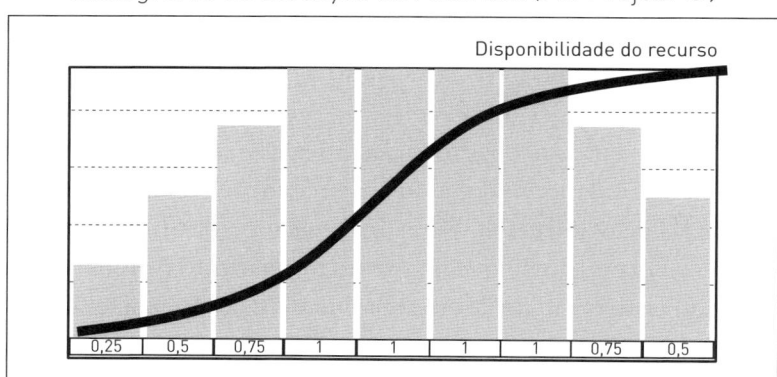

Figura 53
Histograma de alocação de recursos (MS Project ©)

Disponibilidade do recurso

| 0,25 | 0,5 | 0,75 | 1 | 1 | 1 | 1 | 0,75 | 0,5 |

Formas de apresentação do cronograma

Outro ponto importante a ser considerado é que os cronogramas podem ser apresentados de diversas maneiras, dependendo do público e da mensagem que o gerente de projeto deseja transmitir. Podem ser sumariados na forma de um gráfico de marcos (*milestones chart*), que comunica quando os principais eventos do projeto serão concluídos; na forma de um diagrama de Gantt, que mostra quando as principais atividades serão executadas; de um diagrama de rede (PERT), que apresenta a relação entre as atividades, ou detalhados na forma de uma planilha com diversas linhas e colunas. Veja, a seguir, os tipos mais comuns.

Diagrama de marcos

Geralmente é utilizado para comunicar resultados aos interessados em um nível mais alto – clientes, executivos e patrocinadores do projeto – porque não demonstram detalhes, como relacionamento entre atividades etc. que, normalmente, não são de interesse executivo. O principal objetivo é demonstrar o que já foi alcançado em termos de *milestones* do projeto, conforme a figura 54 procura exemplificar.

Figura 54
Exemplo de diagrama de marcos (MS Project ©)

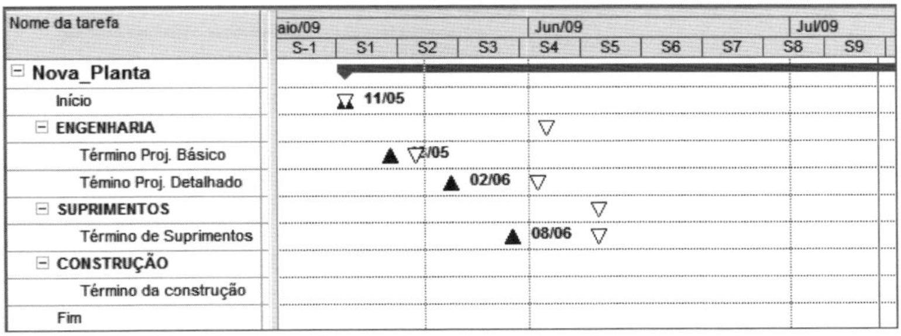

Nome da tarefa	aio/09				Jun/09				Jul/09	
	S-1	S1	S2	S3	S4	S5	S6	S7	S8	S9
⊟ Nova_Planta										
Início	▽ 11/05									
⊟ ENGENHARIA				▽						
Término Proj. Básico			▲ ▽/05							
Témino Proj. Detalhado				▲ 02/06 ▽						
⊟ SUPRIMENTOS						▽				
Término de Suprimentos					▲ 08/06 ▽					
⊟ CONSTRUÇÃO										
Término da construção										
Fim										

Diagrama de Gantt ou gráfico de barras

Nesse diagrama, as barras horizontais representam as atividades e mostram o período em que elas acontecem. A exibição pode ser de forma resumida, quando apenas os pacotes de trabalho ou níveis mais elevados são mostrados, ou de uma forma mais detalhada, mostrando as atividades propriamente ditas. Essa representação é fácil de ser lida e compreendida, mas quando detalhada em demasia pode confundir o usuário (figura 55).

Alguns *softwares* permitem incluir novas funcionalidades no gráfico, tais como relacionamento entre as atividades, exibir as atividades críticas em cores diferentes etc. Durante a fase de execução, são frequentemente utilizados para relatar o progresso do projeto e a variância de cronograma com as atividades representadas em duas barras, uma planejada e outra a executada.

Figura 55
Exemplo de diagrama de Gantt (MS Project ©)

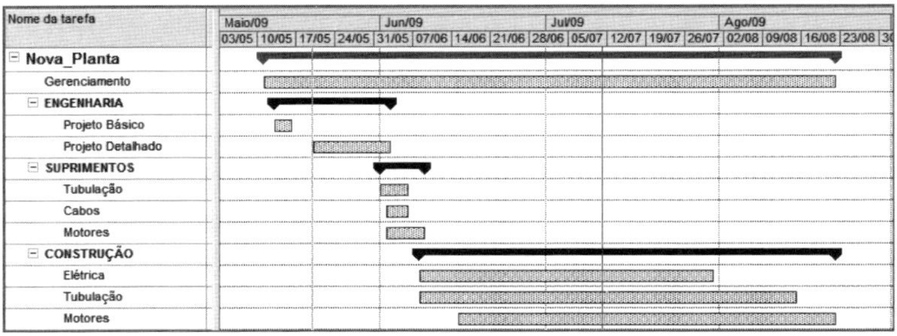

Diagrama de rede ou PERT

O diagrama de rede, que muitas vezes é incorretamente chamado de diagrama PERT, apresenta a relação entre as atividades e pode incluir informações adicionais de datas de início e término, recursos envolvidos, folgas, caminho crítico etc. O termo PERT vem de um projeto da Marinha norte-americana de desenvolvimento de mísseis atômicos em submarinos chamados Polaris. O termo, originalmente, foi creditado à equipe que desenvolveu a técnica em 1958 e significa *program evaluation and review team*. Posteriormente, adotou-se a denominação *program evaluation and review technique*.

Os principais produtos de gerenciamento de projetos dispõem de diversos modos de exibição dos diagramas. O mercado disponibiliza produtos específicos para exibir o diagrama, configurado conforme a necessidade do usuário. Um dos produtos mais populares e que dispõe de diversas funcionalidades é o WBS Schedule Pro ©, ilustrado na figura 56.

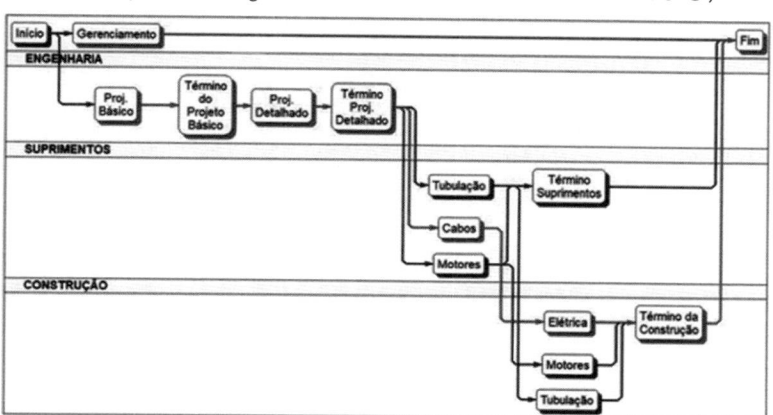

Figura 56
Exemplo de diagrama de rede (WBS Schedule Pro ©)

Planilha ou tabela

A agenda do projeto é mostrada na forma tabular, com a opção de exibição de diversas informações sobre cada uma das atividades do projeto. Não é a mais recomendada para apresentações executivas, a não ser que os níveis mais detalhados sejam "escondidos". A maioria dos programas permite que a tabela seja exibida na forma de estrutura de tópicos. A figura 57 exemplifica.

Figura 57
Exemplo de tabela com datas programadas
do projeto (MS Project ©)

Nome da tarefa	Duração	Responsável	Início	Término	Início real	Término real	Predecessoras
⊟ Nova_Planta	75 d	Gerente de Projetos	11/05	21/08	11/05	ND	
Gerenciamento	75 d	Gerente de Projetos	11/05	21/08	11/05	ND	1
⊟ ENGENHARIA	15 d	Gerente de Engenharia	13/05	02/06	13/05	02/06	
Projeto Básico	3 d	Maria	13/05	15/05	13/05	15/05	1
Projeto Detalhado	10 d	Dilbert	20/05	02/06	20/05	02/06	5
⊟ SUPRIMENTOS	6 d	Gerente de Suprimentos	01/06	08/06	01/06	08/06	
Tubulação	5 d	Comprador	01/06	05/06	01/06	05/06	7
Cabos	4 d	Comprador	02/06	05/06	02/06	05/06	7
Motores	5 d	Comprador	02/06	08/06	02/06	08/06	7
⊟ CONSTRUÇÃO	55 d	Gerente de Construção	08/06	21/08	08/06	ND	
Elétrica	39 d	Pedro	08/06	30/07	08/06	ND	10
Tubulação	50 d	João	08/06	14/08	08/06	ND	9
Motores	50 d	Cardoso	15/06	21/08	15/06	ND	11

Prazo agregado

O gerenciamento do valor agregado (EVM – *earned value management*) surgiu da necessidade de controlar os custos da produção industrial, a partir dos valores econômicos (custos orçados), considerando o que foi efetivamente executado no período *versus* os custos realizados da produção correspondente.

Desde a década de 1970, o método desempenha um papel importante na área de gerenciamento, respondendo às perguntas que são críticas ao sucesso de cada projeto, em especial na área de custos, considerando o orçamento no término (ONT), como:

- Qual a variação de custos (VC = VA – CR)? Estamos acima ou abaixo do custo orçado?
- Qual o índice de desempenho de custos (IDC = VA / CR)?
- Quanto o projeto irá custar (estimativa no término ou ENT = ONT / IDC)?
- Quanto será a variação no término (VNT = ENT – ONT), em relação ao custo orçado?

- Qual a variação de esforço (h)? Estamos usando nossos recursos eficientemente?
- Qual a variação de progresso (VPr = VA − VP)? Estamos adiantados ou atrasados em relação ao planejado (VP)?

Entenda-se que:

- VA (valor agregado) − Resultado do custo orçado de cada atividade que compõe a EAP do projeto multiplicado pelo progresso físico (%) da tarefa correspondente alcançado até a data de aferição. Seus valores acumulados, periodicamente, fornecem a curva S. O progresso físico utiliza unidade relativa (%), a fim de uniformizar o critério de medição do progresso, equivalente às quantidades físicas das tarefas realizadas até a data. VA = % físico realizado × custo orçado.
- VP (valor planejado) − Resulta do custo orçado total de cada atividade que compõe a EAP do projeto. O VP é distribuído para cada período do projeto, em função das atividades que ocorrem nesses períodos, e acumulado periodicamente a fim de se traçar a curva S correspondente. VP = % físico planejado × custo orçado.

Entretanto, o método "deixava a desejar" quando se tratava de responder às perguntas associadas aos prazos/durações dos projetos. Vale ressaltar que o método, originalmente, era indicado para controlar os custos incorridos *versus* a produção, fornecido pelo progresso físico em um dado intervalo de tempo, geralmente unitário, e não se propunha medir as variações das durações/prazos das produções, limitando-se à análise das variações de progresso (VPr) e não de prazos.

A comunidade de profissionais e acadêmicos, envolvidos em gerenciamento de projetos, direciona diversas críticas ao método, por ter o entendimento de que o resultado do índice de desempenho de progresso, erroneamente chamado de índice de desempenho de prazo, não deveria ser obtido por dois valores expressos em unidade monetária (VA e VP), e sim em unidade de tempo. Entretanto, mediante uma observação um pouco mais aprofundada nas equações que auxiliam na determinação dessas duas variáveis, podemos perceber que tanto o VP quanto o VA foram obtidos a partir de avanços físicos (planejado e realizado), respectivamente, conforme equações, onde VA = % físico realizado × custo orçado e VP = % físico planejado × custo orçado, restando, portanto, a variação/desvio entre % físico realizado × % físico planejado, já que o custo orçado é comum nas duas equações. Desta forma, fica claro que não estamos realizando comparações de custos, e sim, de avanço/progresso do que está sendo realizado no prazo decorrido. Neste contexto, buscou-se aprimorar o método, incorporando a variável prazo, que sempre esteve presente, pelo menos graficamente, mas não era determinada de forma adequada.

O prazo agregado (PA) é obtido de forma análoga ao valor agregado, considerando que as variáveis para determinação do prazo agregado são as mesmas – VA e VP.

O prazo agregado é determinado pela comparação entre o valor agregado e o valor planejado, ambos acumulados, até a data de aferição, tendo como referência a curva de avanço planejada, a partir da curva de distribuição do VP, ao longo do prazo do projeto, conforme mostrado na figura 58, adiante. Os dois instantes em que haja igualdade entre VA, até a data de aferição (duração realizada – DR) e $VP_{(n)}$ do período correspondente ao VA (período "n"), projetados no eixo dos prazos, servirão para determinação do desvio do prazo – $DP_{(t)}$. O prazo agregado (PA) é calculado conforme ilustrado na figura 58.

CONTROLE DO CRONOGRAMA

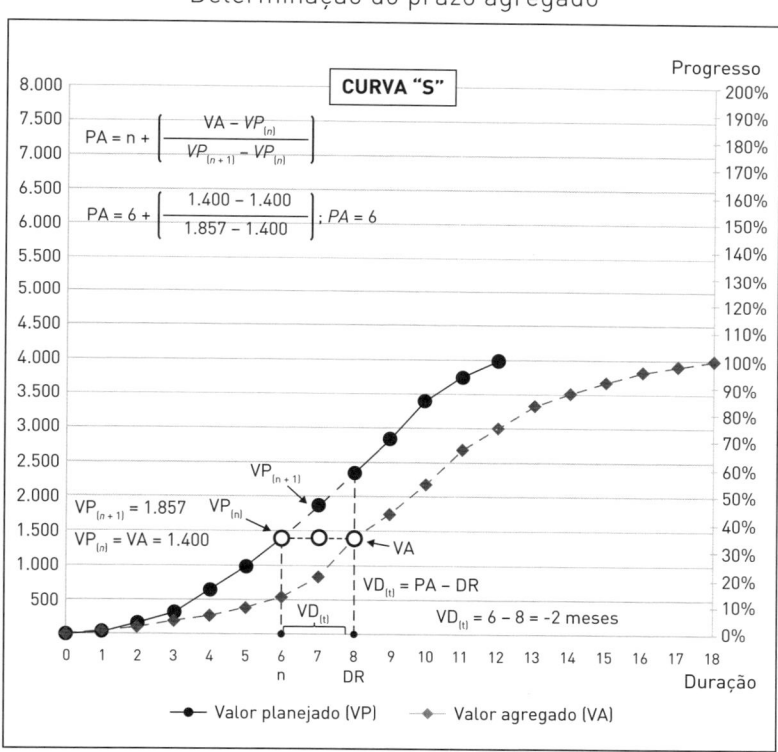

Figura 58
Determinação do prazo agregado

$$PA = n + \left(\frac{VA - VP_{(n)}}{VP_{(n+1)} - VP_{(n)}} \right)$$

$$PA = 6 + \left(\frac{1.400 - 1.400}{1.857 - 1.400} \right); PA = 6$$

$VP_{(n+1)} = 1.857 \quad VP_{(n)}$
$VP_{(n)} = VA = 1.400$

$VD_{(t)} = PA - DR$
$VD_{(t)} = 6 - 8 = -2$ meses

— Valor planejado (VP) — Valor agregado (VA)

O cálculo do PA tem dois componentes:

- o número de períodos "n" da linha de base da medida do desempenho em que VA ≥ VP;
- a fração "I" do período n + 1 da linha de base da medida do desempenho.

A fração I é obtida por interpolação linear, considerando o triângulo retângulo da figura 58 e determinado pela seguinte equação:

$$I = \left(\frac{VA - VP_{(n)}}{VP_{(n+1)} - VP_{(n)})} \right)$$

Depois de determinados os dois valores (n e I), os mesmos são somados para gerar o PA, cujas unidades são intervalos de tempo:

$$PA = n + \left(\frac{VA - VP_{(n)}}{VP_{(n+1)} - VP_{(n)})} \right)$$

Dada a tabela 1 de valores VA e VP a seguir, montamos o exemplo da figura 59, com data de *status* DR = 8 (mês 8).

$VP_{(6)} = 1.400$; $VA_{(8)} = 1.400$.

$$PA = 6 + \left(\frac{1.400 - 1.400}{1.857 - 1.400} \right); PA = 6 \text{ meses}$$

Tabela 1
Tabela de valores VA e VP

Mês	VA	VP
1	56.000	42.000
2	105.000	166.000
3	203.000	330.000
4	265.000	648.000
5	396.000	995.000
6	541.000	1.400.000
7	841.000	1.857.000
8	1.400.000	2.345.000
9	1.750.000	2.842.000

CONTROLE DO CRONOGRAMA

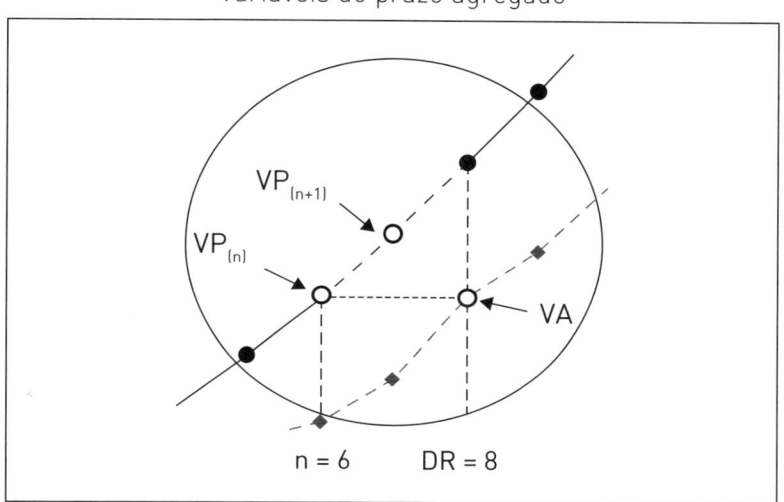

Figura 59
Variáveis do prazo agregado

n = 6   DR = 8

Observe que o período "n" em que o VA = VP (1.400), considerando a data de *status* o mês 8, corresponde ao mês 6. Dessa forma, o avanço do projeto, considerando o VA do mês 8, como exemplo da data de *status*, agregou apenas seis meses. Portanto, a variação da duração será:

$$VD_{(t)} = 6 - 8 = -2 \text{ meses}$$

Por meio desses dados, poderemos determinar as variações das durações e calcular os indicadores de desempenho de prazo, conforme a seguir:

Variação da duração => $VD_{(t)} = PA - DR$
Índice de desempenho de prazo => $ID_{(t)} = PA / DR$

Exemplo:
$VD_{(t)} = 6 - 8 = -2$ meses; $ID_{(t)} = 6 / 8 = 0{,}75$

Na figura 60, podemos observar o comportamento dos indicadores, em que o indicador de desempenho de progresso (IDP) apresenta de forma coerente o avanço do projeto, sinalizando a execução e não o prazo, bem como a curva de prazo agregado sinalizando que o projeto foi finalizado abaixo do desempenho esperado.

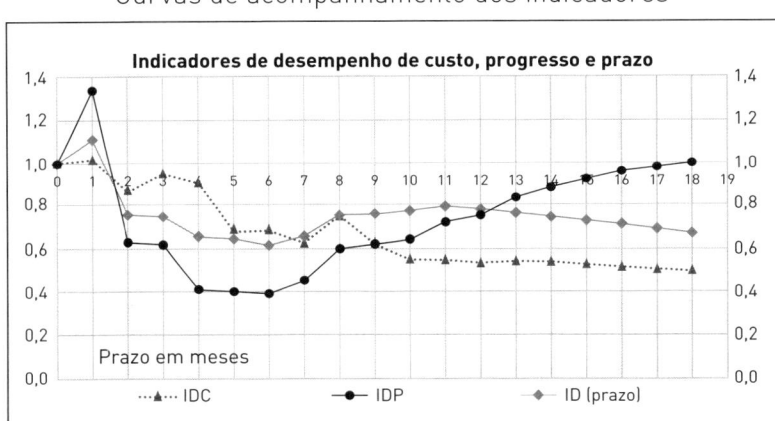

Figura 60
Curvas de acompanhamento dos indicadores

Ainda como exemplo, considerando os dados a seguir, obtivemos os seguintes resultados para o mês 18:

Dados:
VA = 4.000; PA = 12 meses; DR = 18; ONT = 4.000; CR = 8.000.

Variações e indicadores de desempenho:
$VD_{(t)}$ = 12 − 18 = −6 meses; $ID_{(t)}$ = 12 / 18 = 0,67;
IDP = 4.000 / 4.000 = 1; IDC = 4.000 / 8.000 = 0,5.

* * *

Neste capítulo, vimos a importância do controle para o gerenciamento do cronograma em projetos. É fundamental que façamos a devida análise de variação entre o previsto e o realizado, seja por meio de indicadores conforme apresentado, seja por meio de relatórios. O bom andamento do projeto depende dessa análise constante durante sua execução. Mas algumas outras considerações são necessárias no que diz respeito ao gerenciamento do cronograma em projetos. São processos um pouco mais elaborados, mas cujo conhecimento pelo gerente de projeto consideramos de vital importância. São esses os tópicos apresentados no próximo capítulo e representam uma evolução e/ou alternativa às técnicas apresentadas nos capítulos anteriores.

7
Corrente crítica

O objetivo deste capítulo é apresentar uma filosofia recentemente introduzida (1997) na prática de gerenciamento de projetos e que vem sendo praticada por diversas empresas em várias partes do mundo: a corrente crítica. Esperamos gerar em você curiosidade para conhecer mais essa técnica que se agrega totalmente à forma tradicional de gerenciar projetos, mas, ao mesmo tempo, inova por meio de uma percepção única de como ocorre o fluxo de processos e acontecimentos em um projeto.

O conceito de CCPM

A corrente crítica ou CCPM (*critical chain project management*) é a aplicação da TOC (*theory of constraints*) lançada por Eliyahu Goldratt, em seu livro *A meta* (1986), no ambiente de projeto. Um resumo de sua estrutura pode ser visto na figura 61.

Sua aplicação pode ser definida como uma filosofia gerencial que sugere uma significativa melhora no desempenho de projetos, buscando resolver seus conflitos principais. A CCPM busca obter essa melhora desafiando diversas premissas existentes hoje na maneira tradicional de planejamento e controle de cronogramas.

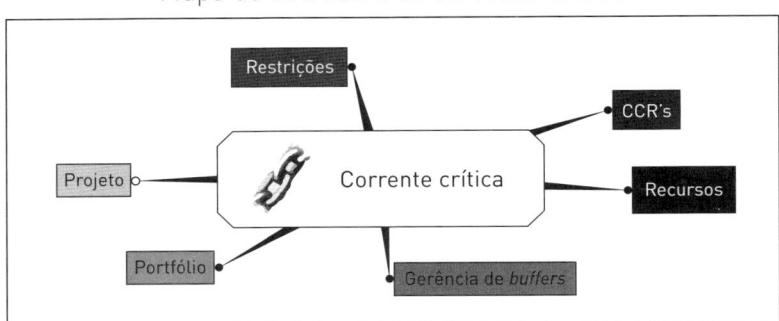

Figura 61
Mapa da estrutura da corrente crítica

```
                    Restrições
                                          CCR's
    Projeto ——    Corrente crítica    —— Recursos
    Portfólio
                 Gerência de buffers
```

A primeira premissa quebrada é de que o melhor lugar para inserção de segurança no projeto é dentro de cada atividade individualmente. Existe uma tendência natural das pessoas de passarem estimativas de tempo extremamente superestimadas em função de possíveis futuras cobranças e também da manutenção da estabilidade de seu próprio nível de conforto, conforme vimos no capítulo 3, relativo às estimativas de duração.

Veja o exemplo da figura 62. Se uma atividade leva, em média, 13 dias para ser concluída, a estimativa normalmente oferecida pelo responsável da atividade é no mínimo 40% mais alta do que essa média. Isso ocorre em função da inserção de uma margem de segurança embutida na atividade, como garantia e manutenção do conforto de quem passa a estimativa. E a experiência mostra que quanto mais capacitado o recurso, maior a inserção de segurança, muitas vezes, também chamada de "colchão" ou "coeficiente de segurança" pela equipe do projeto.

Esse fenômeno, se multiplicado por todas as atividades do diagrama de rede de um projeto, leva inevitavelmente ao aumento desnecessário do tempo de sua realização. A corrente crítica sugere uma diminuição agressiva na estimativa de tempo por atividade. As estimativas devem ser reduzidas até o ponto no qual as pessoas responsáveis pelas diversas atividades acreditem que seja uma estimativa agressiva, porém não impossível de ser realizada. Normalmente, isso resulta em uma estimativa baseada na média da duração de uma atividade, no lugar de uma estimativa com grandes margens de segurança. Em alguns casos isso pode significar uma redução de mais de 50% na estimativa original.

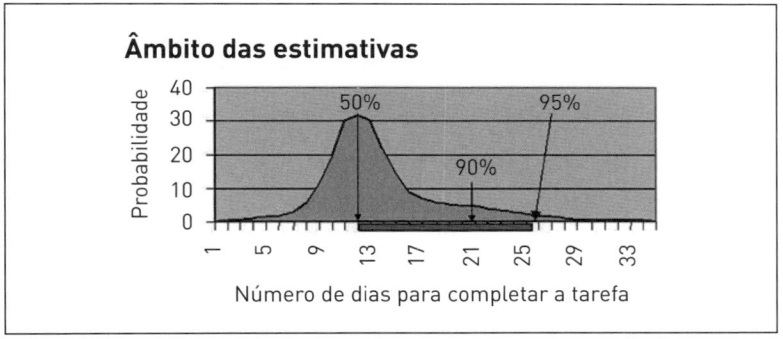

Figura 62
Inserção de segurança

[Gráfico: Âmbito das estimativas — Probabilidade (0 a 40) vs. Número de dias para completar a tarefa (1 a 33), com marcações em 50%, 90% e 95%]

Outro ponto interessante é que, uma vez considerada essa margem de segurança que os profissionais normalmente embutem em seus cronogramas, ainda são observados atrasos nos projetos, como mencionamos anteriormente. Além das causas já citadas relativas às estimativas de duração das atividades, citamos:

- multitarefa – suponhamos a situação da figura 63, na qual o caminho crítico do projeto é composto por três atividades de três dias de duração cada e com um mesmo recurso associado. Se as atividades forem realizadas em sequência, o projeto durará nove dias. Se forem realizadas no formato multitarefa, o projeto sofrerá um atraso desnecessário. Na prática, considerando também o tempo de reposicionamento entre cada atividade, esse tempo poderia ser ainda maior;

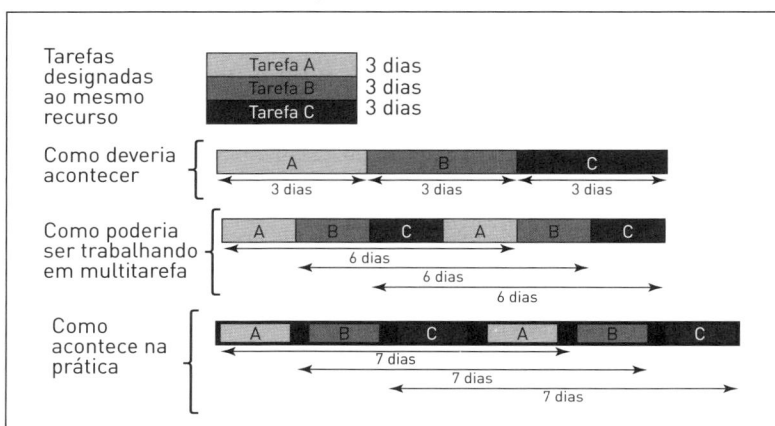

Figura 63
Exemplo de multitarefa

Tarefas designadas ao mesmo recurso	Tarefa A	3 dias
	Tarefa B	3 dias
	Tarefa C	3 dias

Como deveria acontecer: A (3 dias) | B (3 dias) | C (3 dias)

Como poderia ser trabalhando em multitarefa: A-B-C-A-B-C — 6 dias cada

Como acontece na prática: A-B-C-A-B-C — 7 dias cada

- síndrome do estudante – é característico da natureza humana esperar que uma atividade fique realmente urgente para realizá-la;
- lei de Parkinson – o trabalho se expande para preencher todo o tempo disponível. Mesmo que uma atividade seja concluída antes do tempo, a pessoa gasta todo o tempo que resta para "terminar de completá-la". Essa é uma das razões pelas quais a metodologia da corrente crítica sugere a eliminação dos marcos de entrega (*milestones*). O que passa realmente a importar é a data final do projeto.

Com base nas causas apresentadas, a CCPM propõe uma redução em média de 50% na estimativa de cada atividade inserida no cronograma. Esta é uma das chamadas "regras do dedão" (*rules of thumb*). Na verdade, existem algoritmos matemáticos preparados para esse tipo de cálculo. Nem sempre a redução sugerida é da ordem de 50% da estimativa. Os cálculos tomam por base a característica da atividade e também os desvios padrões de sua execução. Optamos por não detalhar essas fórmulas no livro. Mais detalhes podem ser obtidos no capítulo relativo a *buffer sizing* do livro *Critical chain project management*, que consta em nossa bibliografia (Leach, 2000).

No entanto, essa diminuição da segurança colocada em cada atividade torna o projeto bem mais vulnerável a possíveis atrasos, derivados de mudanças e incertezas a que todo o projeto está sujeito. A CCPM gerencia esse fato com a colocação de parte da segurança removida das atividades individuais em "pulmões" (*buffers*) ao final de cada caminho da rede. A CCPM também endereça a questão da multitarefa por meio da eliminação da contenção de recursos durante o desenvolvimento do diagrama de rede, como veremos a seguir.

Caminho crítico de recursos (CCR)

A teoria do caminho crítico, pura e simples, assume que recursos são ilimitados. Essa não é mais a realidade para muitas organizações que estão competindo no mercado global. Recursos são frequentemente utilizados até o limite. Uma organização que não otimiza o uso de seus recursos irá perceber isso logo no seu ponto principal. Em outras palavras, muitas organizações têm de redistribuir as cargas de trabalho de seus recursos. Fazendo isso, o caminho crítico se torna inútil; ele desaparece diante dos olhos de tais empresas.

O exemplo da figura 64 demonstra uma fragilidade do método de cálculo usado para identificação do caminho crítico, pois não leva em consideração as dependências de recursos. O nivelamento dos recursos pode transformar a folga total de uma tarefa sem significado e, dessa forma, o próprio caminho crítico.

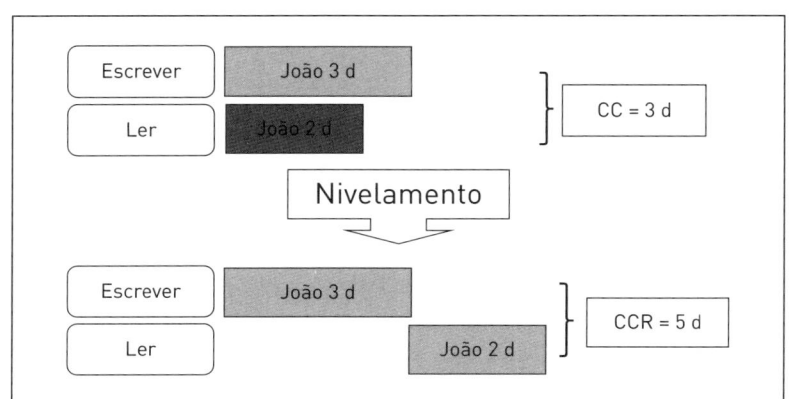

Figura 64
Caminho crítico de recursos (CCR)

| Escrever | João 3 d |
| Ler | João 2 d |

CC = 3 d

Nivelamento

| Escrever | João 3 d |
| Ler | João 2 d |

CCR = 5 d

Tarefas com folga podem, de fato, direcionar o prazo final do projeto, como a tarefa "escrever". Se "escrever" sofrer um atraso, ela moverá ler junto com ela. Precisamos de um novo tipo de caminho crítico que leve em conta as dependências lógicas assim como as dependências de recursos. Tal caminho é chamado de caminho crítico de recursos (CCR), que deve ser monitorado, já que é muito mais útil para um planejamento estável.

O conceito de CCR está ligado a uma sequência de tarefas que determina o prazo final de um projeto, ao mesmo tempo que trata e leva em consideração as dependências lógicas e de recursos. A definição não é muito diferente daquela do caminho crítico. Contudo outras definições derivadas do caminho crítico, como sequência de tarefas sem folgas, não se aplicam ao CCR, pois pode haver folga. No exemplo anterior, a atividade escrever tem folga, mas ainda direciona o prazo final do projeto e é, portanto, tão crucial quanto ler. Entretanto, ambas são tarefas críticas, pois o mesmo recurso realiza as duas. Em outras palavras, o CCR é o encadeamento de tarefas que direciona o prazo final do projeto e concomitantemente leva em conta recursos com disponibilidade limitada. Quando são poucos recursos, deve-se fixar no CCR, como na figura 65, e não no CC.

Figura 65
Gráfico de CCR após nivelamento

Task Name	Crítica	CCR
4.1.1 Create HTML style 'template'	Sim	Sim
4.1.2 Determine development tool	Não	Sim
4.1.3 Development	Não	Sim
4.1.4 Develop any custom function	Sim	Sim
4.1.5 Integrate into web site	Sim	Sim
4.3.2 Page Testing	Não	Sim
4.3.3 Link Testing	Não	Sim
4.3.4 Usability testing	Não	Sim
4.3.5 Stress testing	Sim	Sim
5.2 Determine roll out schedule	Não	Sim
5.3 Communicate roll out plan to users	Não	Sim
5.4 Conduct user training	Não	Sim
5.5 Release internal PR	Não	Sim
5.1 Move site to production server	Sim	Sim

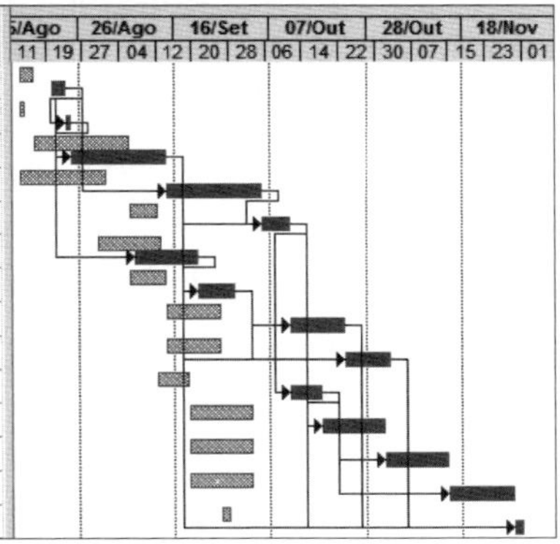

É possível verificar que o CCR frequentemente inclui o início de algumas tarefas críticas e depois tarefas que são "adiadas" por causa do nivelamento, tarefas que agora direcionam o prazo final do projeto. Tarefas críticas por recursos são as que, quando adiadas, comprometem o prazo final do projeto.

Gostaríamos de introduzir uma acrossemia aqui para ajudá-lo a lembrar esse recado fundamental. A acrossemia neste caso é Eric e significa *each resource implies criticality*. Em português: cada recurso envolve criticidade (Crec). Em um planejamento equilibrado, qualquer recurso pode ser tão limitado em disponibilidade ou tão necessário que poderia direcionar o prazo do término do projeto. Portanto, cada recurso envolve criticidade (Crec).

É importante entender o conceito do CCR, pois é por meio dele que a corrente crítica é estruturada. Só com o CCR montado e visível, será possível começarmos a montagem da corrente, conforme veremos a seguir.

Montando a corrente

Com base no conceito do CCR, a corrente crítica passa a ser o maior caminho por meio da rede, considerando as dependências de atividades e de recursos. Não é necessário começar todos os caminhos não críticos em sua data mais cedo, conforme sugerido pelo CPM. A CCPM usa a data mais tarde de início para todos os caminhos do projeto. Apesar de parecer imprudente do ponto de vista de gerência de riscos, as vantagens dessa quebra de paradigma são claras. Não só evita-se incorrer em investimentos mais cedo do que o necessário, como também se inibe a perda de foco em vários caminhos simultâneos.

A segurança anteriormente colocada em todas as atividades passa a ser colocada ao final da corrente crítica e a ser chamada de *project buffer* (PB) ou "pulmão do projeto". A corrente crítica mais o PB formam a data final de entrega do projeto. Outros *buffers* são inseridos em caminhos que se unem à corrente crítica para garantir que não se tornem críticos também.

Esses *buffers* são chamados de "pulmões de convergência" ou *feeding buffers* (FB) e são inseridos justamente na convergência entre esses caminhos e a corrente crítica. Sua utilidade é proteger a corrente crítica de possíveis problemas que venham a ocorrer nos caminhos que se unem a ela. Em geral, os *buffers* são calculados com 50% do total da segurança removida no caminho em questão, ou como resultado da raiz da soma dos quadrados da segurança retirada de cada atividade daquele caminho. É utilizado o valor que produzir um *buffer* mais robusto.

Mas como fazer para obter o diagrama de rede com base na corrente crítica? Como fazer para gerenciar o projeto e controlar possíveis atrasos por meio da técnica de CCPM? O primeiro passo a ser dado é a criação da rede.

Supondo um diagrama de rede feito da maneira tradicional, observam-se dois possíveis caminhos, como exemplificado na figura 66. Assim, o projeto teria 22 dias de duração. As nuances em cada atividade representam os recursos associados. O primeiro passo seria usar a duração média por atividade. A seguir, utilizam-se os tempos mais tarde de início para os caminhos não críticos, seguindo a lógica da rede.

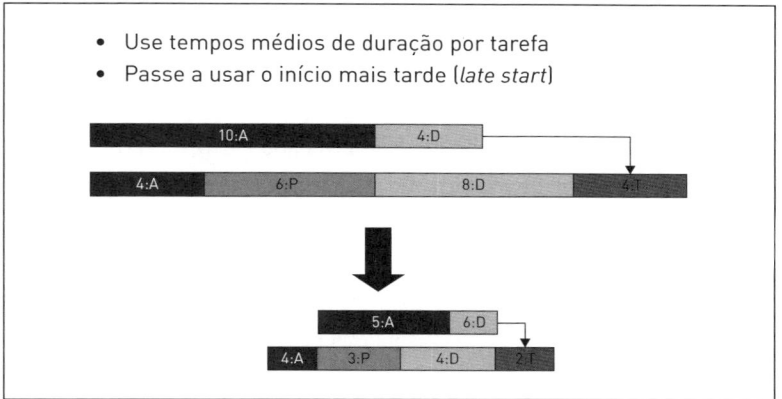

Figura 66
Criação da rede

- Use tempos médios de duração por tarefa
- Passe a usar o início mais tarde (*late start*)

O segundo passo é a identificação da corrente crítica. Uma vez criada a rede, toda contenção de recursos deve ser eliminada para facilitar a identificação da corrente crítica. Neste caso, o recurso A e o recurso D teriam de realizar duas atividades paralelas ao mesmo tempo, o que é impossível. Logo, é necessário um escalonamento de recursos para formação da corrente crítica, como ilustra a figura 67.

A corrente crítica é definida como o maior caminho através da rede, levando-se em conta as dependências entre atividades e entre recursos (conceito de CCR). Uma vez identificada a corrente crítica e a fim de evitar uma vulnerabilidade indesejável em relação ao tempo de duração do projeto, é inserido um *buffer* ao final da

Figura 67
Identificação da corrente crítica

- Eliminar a contenção de recursos
- Identificar a corrente crítica (maior caminho através da rede considerando dependências entre tarefas e recursos também)

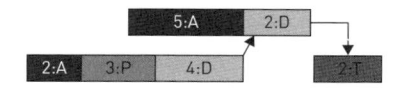

corrente crítica, calculado normalmente com 50% do total da segurança retirada de cada atividade. No caso do exemplo da figura 68, o PB foi calculado com 6,5 dias. Após a inserção do PB, são inseridos também os chamados FBs em cada caminho convergente com a corrente crítica. A fórmula do cálculo dos FBs é equivalente à do PB.

Figura 68
Proteção com *buffers*

- O *project buffer* (PB) protege a data final do projeto

- Nos caminhos em que o projeto pode ficar vulnerável, são inseridos *feeding buffers* (FB)

O gerenciamento dos *buffers*

Os *buffers* envolvidos funcionam como base de sustentação para gerenciar e medir o progresso do projeto em relação à data de término esperada. Em geral, essa gerência dos *buffers* é feita dividindo-se o *buffer* em três diferentes níveis. Cada nível representa 1/3 do tempo calculado ao *buffer*. Uma vez que as estimativas por atividade são de 50%, aproximadamente metade do tempo elas terminarão mais cedo e metade do tempo mais tarde. É esperado que o tempo de *buffer* seja consumido e recuperado, à medida que as atividades vão terminando mais cedo ou mais tarde do que determinado. Conforme se vê na figura 69, se uma atividade permanecer na primeira parte do *buffer* do projeto, nenhuma ação é requerida ao gerente. Se o consumo do *buffer* entrar na sua segunda metade, o gerente do projeto deve desenvolver um plano de recuperação em associação com os gerentes que alocam recursos para as atividades em andamento e que estão por vir na corrente crítica. O objetivo é voltar para o primeiro terço do *buffer*. Se o *buffer* entrar no seu terceiro terço, o gerente de projeto deverá pôr em prática o plano de recuperação desenvolvido anteriormente e segui-lo até que o *buffer* esteja recuperado, de volta em seu primeiro terço.

Figura 69
Buffers de controle

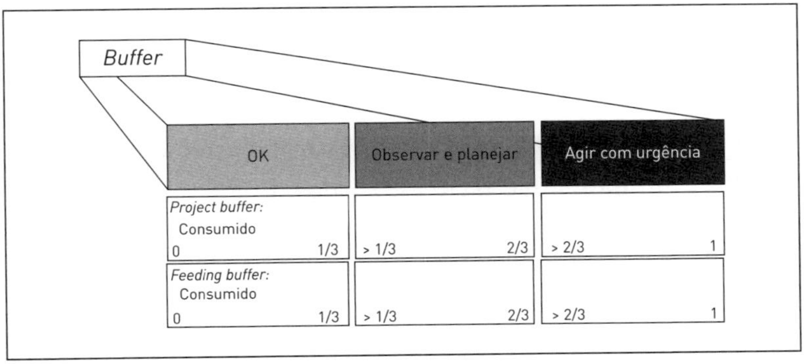

Buffer		
OK	Observar e planejar	Agir com urgência
Project buffer: Consumido 0 — 1/3	> 1/3 — 2/3	> 2/3 — 1
Feeding buffer: Consumido 0 — 1/3	> 1/3 — 2/3	> 2/3 — 1

Várias são as ferramentas de softwares hoje que suportam tanto CCPM quanto a gerência de *buffers*. Algumas das mais conhecidas ferramentas para uso com CCPM são: ProChain©, PS8© e CC--Pulse©. A grande maioria se integra ao MS-Project©. Por meio desses programas, é possível obter relatórios precisos sobre o andamento do projeto, consumo do PB e dos FBs, quais as atividades que estão consumindo mais ou menos os *buffers* e qual o tempo restante por atividade no caminho que está alimentando um dado *buffer*. Tais relatórios ajudam o gerente de projeto na decisão de onde focar esforços e o que é ou não realmente importante.

Os *buffers* não devem ser confundidos com as tradicionais folgas do CPM, conforme explicado no capítulo 3, que trata de estimativas de duração de atividades. As folgas, por definição, existem em todos os caminhos não críticos de uma rede. Porém elas resultam da lógica de um cronograma determinístico. Por exemplo, um caminho muito menor do que o caminho crítico tem uma folga relativamente grande.

Quando o caminho é pequeno, a variação na sua duração também deverá ser pequena (em relação à variação do caminho crítico). Por outro lado, um caminho quase tão grande quanto o caminho crítico apresenta uma folga muito pequena; normalmente, é o caminho que mais representa perigo para o caminho crítico e, portanto, é o caminho que requer a maior proteção contra incertezas. Assim, a quantidade de folga disponível em um cronograma do tipo CPM é inversamente proporcional ao necessário para proteger o caminho crítico.

O tamanho dos *buffers* na CCPM varia diretamente em função dos caminhos a que estão associados. Logo, quanto maior o caminho em questão e maior sua incerteza, maior será o *buffer* associado a ele. Como na CCPM é esperado que haja certo consumo de *buffer*, um orçamento tem de ser alocado para cobrir esse tipo de tratamento. Existem várias formas de alocação de orçamento para cobertura de *buffers* que não são objetivos deste livro. Só cabe salientar que, da mesma forma que existe um *buffer* de tempo, é natural que exista também um *buffer* proporcional de custos.

* * *

Procuramos fazer uma revisão geral do conceito envolvido na corrente crítica. Entendemos que maiores informações são necessárias caso você queira começar a utilizar a técnica em seus projetos, mas esperamos ter aguçado sua curiosidade. Este era o objetivo deste capítulo. Acreditamos que a contínua atualização é um dos caminhos para um gerenciamento de projetos cada vez mais eficiente e eficaz.

Conclusão

É sabido que enfrentamos diversos paradoxos no gerenciamento de projetos. Temos menos recursos e temos de fazer mais atividades, ser mais produtivos e, ao mesmo tempo, economizar e manter a qualidade do produto a ser entregue. É preciso entregar todo o escopo combinado dentro do prazo especificado, ou antes. Para tanto, é preciso planejar. Reclamamos que não temos tempo para um correto planejamento, mas acabamos tendo tempo para corrigir, quando necessário.

Foi com base nesses paradoxos que escrevemos este livro, desde o capítulo relativo à definição de atividades até o capítulo final. Nossa intenção foi quebrar os paradigmas de que gerenciamento do cronograma é difícil ou complicado.

Ao final da leitura deste livro, você agora é convidado a fazer uma reflexão sobre a forma como planeja, controla e gerencia cronograma em seus projetos. Mesmo sabendo que muitas vezes o próprio tempo (ou a falta dele) pesa contra um planejamento mais estruturado, esperamos ter transmitido a ideia de que esse tipo de abordagem só tende a gerar vantagens e melhores resultados para o gerenciamento do projeto como um todo.

Gostaríamos de propor um desafio a você: colocar em prática aquilo que aprendeu neste livro. Sabemos que nem sempre será possível utilizar todas as ferramentas e técnicas aqui descritas.

Até porque o próprio processo de aprendizagem e seu uso devem ser progressivos. Mas toda jornada começa com o primeiro passo. Ferramentas de software como algumas das apresentadas aqui por meio de exemplos podem ser muito úteis no caminho.

O mais importante são os conceitos e o conhecimento que lhe apresentamos. Boa sorte em todos os seus projetos presentes e futuros, profissionais e pessoais. E lembre-se: planejar é preciso. Controlar também é preciso.

Referências

ANBARI, Frank T. Earned value project management method and extensions. *Project Management Journal*, v. 34, n. 4, p. 12-23, 2003.

ARCHIBALD, R.; VILLORIA, R. L. *Network based management system*. Nova York: J. Wiley & Sons, 1975.

BARCAUI, André. Teoria das restrições aplicada à gerência de projetos. *Revista Pesquisa e Desenvolvimento em Engenharia de Produção*, n. 2, p. 1-21, jul. 2004.

BENNATAN, E. M. *On time within budget*: software project management practices and techniques. 3. ed. Nova Jersey: John Wiley & Sons, 2000.

BERNSTEIN, Lee S. *Physical completion measuring techniques in current practice in cost estimating and cost control*. Reston, VA: American Society of Civil Engineers, 1983.

CARDELLA, Tony. *Delivering project benefits faster using the theory of constraints*. Milford, CT: Goldratt Institute, 1998.

CLELAND, David. *Project management*: strategic design and implementation. 3. ed. Nova York: McGraw-Hilll, 1999.

COX III, James F.; SPENCER, Michael S. *Manual da teoria das restrições*. São Paulo: CRC Press LLC, 1997.

GOLDRATT, Eliyahu. *A meta*. São Paulo: Imam, 1986.

_____. *Critical chain*. Great Barrington, MA: North River Press, 1997.

HEINECK, Luiz F. *Curvas de agregação de recursos no planejamento e controle de edificações*: aplicações a obras e a programas de construção. Porto Alegre: UFRGS, 1989. (Caderno técnico de engenharia).

_____. Inventário de aplicações da curva S no gerenciamento de produção civil: uma aplicação no controle de empreendimentos. In: ENCONTRO NACIONAL DE ENGENHARIA DE PRODUÇÃO (ENEGEP), 10., 1990, Belo Horizonte. *Anais...* Rio de Janeiro: Abepro, 1990. v. 2, p. 736-741.

KERZNER, Harold. *Project management*: a systems approach to planning, scheduling and controlling. 8. ed. Nova Jersey: John Wiley & Sons, 2003.

LEACH, Lawrence P. *Critical chain project management*. Boston: Artech House, 2000.

LEWIS, James P. *The project manager's desk reference*: a comprehensive guide to project planning, scheduling, evaluation, control & systems. Nova York: McGraw-Hill, 1995.

LIMMER, Carl V. *Planejamento, orçamentação e controle de projetos e obras*. Rio de Janeiro: LTC, 1997.

LIPKE, Walter H. *Earned schedule*. Morrisville, NC: Lulu.com, 2009.

MEREDITH, Jack R. *Project management*: a managerial approach. Nova York: John Wiley & Sons, 2000.

MODER, J. J.; PHILIPS, C. R. *Project management with CPM and PERT*. Nova York: Reinhold, 1970.

PATRICK, Francis S. Getting out from between Parkinson's rock and Murphy's hard place. *PM Network Magazine*, n. 13, 1998.

PROJECT MANAGEMENT INSTITUTE (PMI). *Practice standard for work breakdown structures (WBS)*. Newtown Square, PA: PMI, 2001.

_____. *Practice standard for earned value management*. Newtown Square, PA: PMI, 2005.

_____. *Practice standard for scheduling*. Newtown Square, PA: PMI, 2007.

_____. *A guide to the project management body of knowledge (PMBOK Guide)*. 6. ed. Newtown Square, PA: PMI, 2017a.

_____. *Agile practice guide*. Newtown Square, PA: PMI, 2017b.

SILVA, Ivaldo. A possibilidade de redução do preço proposto na antecipação de receitas. In: ENCONTRO NACIONAL DE ENGENHARIA DA PRODUÇÃO, 9., 1989, Porto Alegre. *Anais...* Rio de Janeiro: Abepro, 1989. p. 110-115.

_____. Aplicação da curva S no gerenciamento de projetos. *Revista Gerenciamento e Obras*, p. 22-26, set. 2003.

TAYLOR, James. *A survival guide for project managers*. Nova York: Amacom, 1998.

Os autores

André B. Barcaui
Pós-doutor em administração pela Faculdade de Economia, Administração e Contabilidade da Universidade de São Paulo (FEA/USP), doutor em administração pela Universidad Nacional de Rosario (UNR), mestre em sistemas de gestão pela Universidade Federal Fluminense (UFF), com graduação em Tecnologia da informação e psicologia. Foi *project office manager* da Hewlett--Packard Consulting, responsável pela região latino-americana, e gerente de programa e serviços na IBM. É membro fundador do PMI Chapter Rio, onde concluiu sua certificação PMP em 1999 e hoje faz parte do seu Conselho Consultivo. É revisor técnico da revista *MundoPM*. Palestrante e autor de diversos artigos e livros na área gerencial.

Danúbio Borba
Bacharel em administração de empresas com ênfase em análise de sistemas pelas Faculdades Associadas de São Paulo (Fasp), mestre em gerenciamento de projetos pela *School of Business and Public Management* da George Washington University. Foi professor do FGV Management. Sua área de especialização incluía a gestão de projetos, programas na área de tecnologia da informação, comunicações em projetos, desenvolvimento de metodologias, aplicação

de técnicas de criatividade e inovação em projetos. Foi filiado ao PMI desde 1998, quando se certificou PMP.

Ivaldo M. da Silva
Especialista em gerenciamento de projetos pela Universidade Federal Fluminense (UFF), engenheiro civil com mais de 35 anos de experiência. Foi gerente de contrato, engenharia, planejamento e orçamentos de construtoras e instituição pública. Foi consultor sênior de gerenciamento de projetos e engenharia de custos. Gerenciou projetos nas áreas de P&D e eventos. Desenvolveu a engenharia de custos nas áreas de produção de fármacos e imunobiológicos. É professor convidado do MBA em Gerenciamento de Projetos do FGV Management.

Rodrigo B. Neves
Engenheiro civil pela Universidade Federal de Minas Gerais (UFMG), mestre em sistemas de gestão pela Universidade Federal Fluminense (UFF) e certificado PMP (*project management professional*) pelo Project Management Institute (PMI). Possui certificação em MS Project pela Microsoft, MS Project Orange Belt pelo IIL Brasil e EPM2010 *Specialist* pelo MS Project Experts, EUA. É presidente e fundador do International Institute for Business Analysis (IIBA) filial Minas Gerais.